对托拉斯的控制

一种有利于以自然法遏制托拉斯势力的观点

〔美〕约翰·贝茨·克拉克 著
约翰·莫里斯·克拉克

韩华 张玉洁 译

The Control of Trusts

商务印书馆
创于1897 The Commercial Press

John Bates Clark and John Maurice Clark
THE CONTROL OF TRUSTS
An Argument in Favor of Curbing the Power of Monopoly by a Natural Method
Rewritten and Enlarged
© Macmiliam Company, New York 1914
本书根据美国纽约麦克米兰出版公司 1914 年版译出

目 录

序 言 ·· 1
第一章 民众和问题 ·· 5
第二章 联合与垄断 ·· 23
第三章 怎样不处理托拉斯公司 ··························· 37
第四章 垄断与法律 ·· 50
第五章 垄断与法律——破坏性竞争 ···················· 65
第六章 还需要什么 ·· 84
第七章 建设性的竞争 ··· 91
第八章 结论和总结 ·· 117

序　言

　　现在这本书和早期撰写的一本篇幅更短的著作合为了一体。两位作者合作撰写了本书，其中一位撰写了融入本书的早期著作，另一位搜集了大部分新材料，并且都根据商业世界近来迅速变化的要求对本书进行了修订。

　　本书的宗旨完全是建设性的，因为它主张采取积极政策对托拉斯公司进行控制。本书的目的是要证明，为控制托拉斯公司而采取的某些措施与最新的变化趋势是一致的，这些措施完全在立法者与行政官员的掌控之中，他们向公众做出承诺，保证公众所需，换言之，即是防止市场价格出现异常，还有持续地增长生产与改善劳动条件。

　　为控制托拉斯公司所提出的大部分措施大致可分为两类，第一类仅由摧毁垄断，同时使竞争自由的措施组成，而另一类包括放弃摧毁垄断的努力，并屈服于垄断原则，由官方机构调整市场价格来保护公众的措施。这一方案是打算在生产制造上试着实施我们在铁路运输业方面已部分获得成功的措施。

　　除上述两类措施外，本书将要提倡的是第三类措施，即规范竞争。第三类措施通过禁止、压制托拉斯公司常常挤垮其竞争对手的残酷竞争行为，彻底切断托拉斯公司这种非正常的竞争形式。此外，这类控制竞争的措施将消除非正常残酷竞争行为的特殊诱因，从而创造一种由宽容竞争主宰商业世界的环境，我们有理由相信，在不破坏商业系统的情况下可以达到这样的效果。

本书第一版发行时，所谓的潜在竞争就显示出了它控制价格的力量。每当制造厂联合起来大幅度提高价格时，潜在竞争就会促成新制造厂的建立，而联合制造厂出于对这种情况更深层的担心，就会将价格控制在一定的范围内。然而，由此确立起来的价格控制范围并不稳固，而是处于变化之中，这些联合公司于是会迅速地发现它们有力量碾压大胆出现的潜在竞争对手。本书讨论了联合公司压垮竞争对手的很多手段，无论何时，只要竞争对手做出积极的表现，联合公司就会狠狠地打击它。联合公司频繁地打击竞争对手，它们的行为显示出了十分强大的打击力量，预先起到了阻止竞争对手出现的效果。托拉斯公司对竞争对手进行不公平打击的潜在可能性，往往会破坏竞争的潜力。在这样的情况下，我们显然有必要解除托拉斯公司的武装——卸下它们对竞争对手进行不公平打击的特殊武器。为了确保每一位凭借其生产效率而有权利在行业领域内留下来的竞争者的竞争地位，并确保他们向社会公众提供它们的服务，我们就有必要对上文所述托拉斯公司打压竞争对手的具体做法进行压制。

在20年前，即使是强制执行这种拳击比赛规则，这对很多人来说都是十分激进的。而现在看来，这似乎更像是理所当然的事情，也是公认的对付庞大的工厂联合一贯政策的开始。令人鼓舞的是，要求健全与采用这项政策的呼声十分普遍，相关的各项法规也因此提了出来。对此，我们最好通过与经济原理和最近商业发展相比较的方式，对受到全国关注的各项议案的条款进行考察。一些建立在保持竞争基础上的重要方案，它们之间存在意见分歧并不是最主要的。所有这类重要方案与基于放弃竞争、接受垄断的一类方案，二者之间存在普遍的意见分歧。如果这两类方案我们都实施，其所带来的实际效果将会差异巨大、泾渭分明，就如同在一个产业体系中，以进步原则为本能和以扼制生机活力原则为本能的二者之间的差异一样大。这里所提倡的方案，不仅仅是为了满足时下迫切的要求和纠正垄断公司对其生产商品过高的要价。这些方案的主要目标是确保生产能力在持续增长、社会收入在持续扩大，以及在不侵犯资本合法收益的前提下能够支付不断上涨的工资。这些方案的目标是在诚信的独立资本与垄断资本之间做出明确的划分，尽管前一类资本也包含了大型公司持有的大量生产性资产。在抑制垄断的努力中，诚信资本的全部资金是诚实劳动——是有组织的或无组织的诚实劳动的天然盟友。在调整工资方面，雇主与雇员的利益虽然总是不同，但在这一点上，二者没有必要产生对立或发生破坏性的冲突。在经济学领域，一场道义上的伟大斗争正在开始跨越一条分界线，这条分界线将使促成社会福利和掠夺社会福利的权力区分开。

然而，即使如此，正确的行动方案也不是为消灭犯罪者，而是对他们进行改造，无论他们愿意不愿意，都要使他们成为社会的公仆。而就大型公司而言，正确的行动方案是促使诚信成为他们唯一可行的态度。

第一章　民众和问题

艰难的选择——我们遵循经济规律吗？——我们能避免恶性竞争的危险吗？——免费土地的优势——免费土地的优势一旦消失，技术进步必须能弥补损失，否则经济灾难将接踵而至——和只是对价格产生影响相比，垄断阻碍当前发展所产生的危险更加严重——对托拉斯的普遍判断取决于证实它们是否为真正的垄断——除了垄断者与社会主义者外，社会各阶层都反对垄断——没有垄断的集中管理方式将取得一个理想的效果，但需要采取积极行动以确保这样的集中管理——"潜在竞争"的力量——迫切需要对"潜在竞争"进行保护，以加强对垄断力量的自然控制

美国民众现在需要解决的最重要的现实问题，是对超级大公司的控制权问题。托拉斯公司是否已经成为定局？如果情况真是这样，托拉斯公司会结束独立生产吗？小企业将被驱逐，而新企业无论大小都将受到排挤吗？如果是这样，我们的产业部门要么被迫由庞然大物一样的大公司完全控制，要么被移交给国家。这是在私人垄断的魔鬼与国家社会主义的深海之间做出的一种选择，在这种形式的选择中，许多明智的人准备在诸如国有化这些产业一样的社会

主义中抓住他们的机会。

　　与此同时,我们的法律对产业部门的要求既不是由私人垄断控制,也不是使这些产业部门国有化。《谢尔曼反托拉斯法》(Sherman Anti-trust Law)要求竞争必须继续存在,因此,我们必须确定竞争是否能够继续进行。应对托拉斯的整个关键问题,取决于经济规律是否使这项联邦成文法规可以实现其预期的目的。我们的民法拥有经济规律的支持吗?抑或是没有经济规律的支持呢?如果我们的民法拥有经济规律的支持,那么,我们就可以避免任何形式的革命性变化。我们可以消除在商业系统中存在的最大祸害,还可以通过各种途径保持我们已经获得的生产力。而其中最重要的是什么呢?这就是我们可以坚持进步、发展的原则。在消除压迫与不公平的同时,我们可以确保在过去一个世纪里历年所取得的不断增强我们控制自然能力的机械发明、化学发现与其他各种技术成果的可持续性,从而为劳动收益递增提供最重要的前提。我们尚不能太早或过于肯定地说,对托拉斯公司进行监管最重要的考察措施,就是告知我们托拉斯公司正在加快或者延缓技术进步——托拉斯公司是否使世界作为一个整体变得更富或更穷,从而可以更多或更少地向工人支付优厚的薪金。

　　今天,我们认识到可以让托拉斯公司解体——我们可以将庞大的托拉斯公司拆散成一个个小公司——对托拉斯公司这样的认识,无疑比我们曾经了解到的要多得多。我们原以为《谢尔曼反托拉斯法》只会偶尔执行,一些相关的法律诉讼的进展也会十分缓慢,除了直接受影响的托拉斯公司外,几乎所有的托拉斯公司依然各行其是。实际上,这就是真实的情况。此外,我们还缺乏一个坚定的信念，那就是认为迅速地对托拉斯公司增加和加快法律诉讼、这样的做法是可取的。诚然，加快对托拉斯公司的法律诉讼可能对商业领域的稳定造成损害。首先，太多的大公司被立刻解散，这将在商业领域里引起极度的恐慌；其次，解散大公司所带来的，不一定会是某种好的结果。因拆散大公司而产生的一个个小公司，它们是否会迅速地重新开始联合前存在的恶性竞争？人们普遍认为，毁灭性的价格战几乎是无法避免的。这种价格战曾经盛行，而小公司联合体提供了一种甚至在一开始时并非完全不受公众欢迎的解救方式。只要仅仅依靠垄断赢利同盟或合约来控制价格，这些小公司就不会和后来的联合体形式一样带来威胁，至少可以减轻一场涉及大量罪恶的价格战。通过这样的过程，小公司为全面繁荣做出了贡献，这一适度的代价是公众愿意接受的，尽管他们并不完全情愿支付这笔费用。正是更牢固、更彻底的合并开始出现，才使得全面垄断的威胁扩大、阴影加深。

　　如果我们断定托拉斯公司就是垄断公司，并着手打破垄断公司，那么，接下来将会发生什么呢？又如果我们这样做了，除了重复以前的经历——出现恶性竞争、引起灾难性的损失，以及紧随其后的不是公司破产，就是为结束竞争战争而形成的秘密协议，还会有其他事情发生吗？此外，如果政府坚持不懈地跟踪联合，并确立起查清与打破秘密协定的调查，那么，到这个时候，会有什么办法可以摆脱招致参与其中多数人破产的极端价格战呢？在没有约束或阻碍的情况下，势力强大的对手之间的竞争能产生另外的结果吗？简言之，我们还会再次经历最近不幸的、对大多数人来说似乎与垄断本身一样糟糕的无序斗争吗？但是，对于我们可以描述为彻底的私人垄断这一真正的问题，没什么好话可说：公众对此表现出反感，这样的情况完全合理。我们的法律条款在阻止垄断方面不管如何不成功，但公众依然坚信该法律条款的坚韧性，这表明了一种完全正确的本能，我们于是得出这样的结论，无法忍受的坏事似乎已经必然发生。如果只有通过联合才能避免这场毁灭性的竞争，那么，就毁灭性竞争与联合这两种情况进行全民投票，我们至少会产生出有力支持联合的选票。

在开始讨论这一问题之前，我们可以这样说，如果没有垄断，可能就会有庞大的托拉斯合并公司，强大的生产商之间可能存在竞争，但他们的竞争不会演变成灾难性的竞争。我们可以在托拉斯公司出现而不带来痛苦的情况下允许托拉斯公司继续存在；我们可以拆散一些托拉斯公司，十之八九依然可以避免从前的无序竞争。我们是在看似魔鬼与看似深海之间做出选择，但二者并非像表面看起来的一样；或者在最糟糕的情况下，魔鬼可以被驱逐，深海可以安全航行。因此，制造所有这些麻烦的托拉斯公司，不仅可以变得能够被接受，如果我们相信，甚至也可以变得对我们有益。

在合并的管理体制下，全面繁荣确实曾出现过。这一事实本身就是证据，它表面上证明了我们的联合体并不是完全垄断，因为在完全垄断的情况下，全面繁荣的出现会受到阻碍。长期以来，几乎所有的商业都在盈利，劳动就业也基本上一年比一年稳定，农业一直处于"蓬勃发展"中。在1891年之前的20年里，农场主们处于经济萧条的状态中；自1891年以来的20年间，他们的境况变得越来越好。而且这种大繁荣是在失去了一个古老而重要的财富来源之后出现的。纵观历史，美国通过不断地殖民扩张与掠夺，每年都会侵占新的肥沃土地,从而获得了重要的经济收益。如果我们选择侵占新土地,那么,我们所有人都会有农场,如果我们真认为这样无休止侵占新土地的时代没有结束的一天,那么,我们确实希望这样的时代和我们所期待的一样长久继续下去。我们的民众每年都占有新的土地,他们使新占领地区的农田进入生产状态。他们在新土地上建造了村庄与城市,看着它们雨后春笋般地迅速发展起来。占领新土地、在新土地上耕种与创建产业,这使得土地本身具有价值,这种价值——即所谓的"自然增殖"还没有被垄断,而是扩散到了整个社会。那些买卖土地的人得到了一些土地,而那些没有交易土地的人在几次侵占土地中获得了利益,他们因此更愿意留在土地上。土地的巨大收益产生于所有生产性的就业,随着对土地的占据面积越来越广袤,生产规模及来自生产规模的总收益随之也变得越来越大。

19世纪末,不少人焦虑地期待着这种领土扩张应该缓下来的时候的到来,因为这些人已经认识到公共土地并非取之不尽用之不竭。20世纪初,人们终于注意到美国境内可供利用的良田实际上已经用尽。通过灌溉和其他一些办法虽可以在一定程度上增加土地面积,但四分之一平方英里①大小的肥沃大草原唾手可得的日子过去了。从美国越过加拿大边界,土地扩张仍在快速地进行,然而,只要殖民扩张的边缘地带继续向西和西北方向穿过密西西比大河谷,殖民扩张就不能为美国的劳动者提供像先前那样可取的出路。我们的民众有能力改变十分干旱、潮湿、布满岩石糟糕的土地状况,他们能开发矿藏,可以往加拿大迁移,然而,这些都比不上他们所

---

① 1英里约为1.61千米。

乘坐的无数辆"草原篷车"、在每年春天载着我们的帝国驶往遥远的西部所能够带来的效果。随着殖民扩张运动的结束，除了人口开始拥挤还会发生什么呢？我们如何才能避免农业的"收益递减"，及其间接导致的制造业和商业的收益递减呢？然而，从1891年以来的这段时期，我们却完全没有陷入贫困，我们肯定会想到导致这段时期普遍繁荣的准确原因是什么。而之所以如此，有两方面原因在共同地发挥作用，如果我们注定会逃脱灾难，那么，这两方面的原因必须持续地在共同发生作用。原因之一是大规模的生产，以及与大规模生产相应的生产效率的提高；原因之二是改进生产方法，一系列机器与其他设备的辉煌发明，在各个产业领域，一次又一次地完成了所谓的"使原来只长出一片草叶的地方长出了两片草叶"。在制造业、运输业与农业生产领域，我们一次又一次地以令人惊讶的规模使人类劳动产品成倍增长。

技术改进是必不可少的。如果没有技术改进，随着人口的增长，我们在这颗星球上的生活将不堪重负。如果我们停止增强我们控制自然力量的一系列发明，那么，这将迅速地将劳动者推向饥饿的边缘。我们一旦控制这种技术进步的速度，就会引起十分严重的贫困。如果需要养活的人越来越多，而技术改进却又停滞不前，当人类人口越来越拥挤，一直达到难以克服的饥饿界限，那么，对人口拥挤的最终限制，将由马尔萨斯研究阐明的对人口增长的残酷控制所决定。当我们过了饥饿点，幸存下来的人虽然可能会因死亡率与下降的出生率获得一些救济，但却意味着我们将严苛地执行"工资铁律"。虽然劳动者的收入不可能长期在维持其生存所必需的收入之下，但在这样的条件下，劳动者的收入也不可能长期大大增加。

针对上述一切，我们的第一种资源似乎是无止境的有待扩张的新土地，第二种资源是我们天才般的发明，这些发明不仅为我们提供了耕种土地的机器，也给我们提供了将原材料转化成制成品，并以最低成本将其运往任何地方的无数设备。从史前时代起，人类对于生产的改进就十分依赖，这不仅是为了获得舒适的生活，也是为了生存本身。随着人类原始狩猎部落群的规模逐渐地扩大，所有猎物都被猎尽时，部落之间为了获得可用的牧场就会被迫互相争夺。人类饲养牛羊便提供了一种资源，极大地增加了在一个特定区域内生活的人口数量。而当同样的情况再次发生、牧场逐渐变得稀少时，新的农业资源将给予人类更大的"缓解"。人类有了固定居所，种植庄稼，就能保持非常原始的生活方式，养活大约上百人口。

只要人们始终使用一种模式获取食物，那么，这一有限的土地就会使人口陷入饥饿。如果我们可利用的土地，与最初在大陆扩张过程中的土地一样地不断扩张，那么，所扩张土地本身就可以向人口提供所需要的救济。但是，如果缺失了土地扩张的资源，那么，改变粮食生产方式就成了预防饥饿的唯一保障。这一客观事实体现了人类活动的全部历史。如果我们不断增长的人口，其生活保持在贫困水平之上，那么，我们就需要更多、更精良的生产工具，以及效率更高的生产手段。

在这不到三分之一世纪里，我们的生产工具不仅在数量上急剧地增加，也迅速地获得了改进，并大规模地投入了使用。合并了小制造厂的大制造厂，以及在统一管理之下的一批大制造厂，它们大幅度提高了机器的生产力。然而，我们却来到了这样的时期，即来到了一种进步使另一种进步失效的危险境地的时期。随着使用这些大机器的大公司规模日渐膨胀、成为垄断企业时,我们可以坚定地认为,机器改进的速度将受到控制,不仅如此,在对机器改进的速度不需要太多这样的控制的情况下,工资就可以开始下降。请永远不要忘记,这毫无疑问是垄断企业所能引起的最邪恶的事情。人类舒适的生活方式和生存本身,取决于增加、改进生产工具和不断上涨的人口之间竞赛的结果,在这种情况下,控制生产工具的改进,这对人类舒适的生活和生存绝对是致命的。以高价向公众征税当然十分糟糕,但是,这种糟糕却无法与使创造收入的资源总是保持在人口不断增长之前的控制力瘫痪相比。

托拉斯公司引起的恐慌,主要由于它们所造成的是上述两种灾祸中较小的一种。我们认为托拉斯公司主要通过产品的高价格向我们征税,当我们寻找托拉斯公司更多的罪恶时,我们通常会发现,这些罪恶往往是通过它们低价购买原材料的形式出现。有关托拉斯公司对工资的影响,我们中大多数人都曾在心里有过疑问。一些托拉斯公司根据市场价格付给自己员工略高的薪酬,人们并不总是觉察到托拉斯公司这样做所产生的影响,是降低了受它们控制的就业领域之外的工资。在所有这些关联中,垄断操纵着价值观,垄断是在分配上而非生产上产生影响。垄断所做的是在一定程度上减少我们中许多人在每年生产的产品中所得到的份额。然而,在这样的过程中,垄断代理者们还可以做一些更糟糕的事情,尽管迄今为止这些事对我们的影响较小,换句话说,他们可以减少每年已经产生的收入总额。

在此,我们不收回关于经济大规模生产的任何说法。我们知道,垄断操纵在经济大规模生产中确实十分重要。托拉斯公司减少了浪费,提高了劳动与资本的生产力,但是,每当托拉斯公司为了抬高产品价格而削减自己的产量时,它们就减少了生产的总量。托拉斯公司把劳动与资本从它们本可能获得最大利润的受雇领域中转移出来,资本与劳动被迫去寻找受雇的其他领域,而即使资本与劳动已经找到了"雇用"它们的领域,但无论对它们自己还是公众来说,它们也不可能像在它们适合的领域里那样出色。然而,正如我们已经说过的一样,托拉斯公司最重大的伤害是阻止未来的技术进步,以及遏制这些技术进步所确保的不断扩大的收入。垄断企业没有正确地利用推动社会进步的无价之宝——垃圾堆(junk heap)。当垄断企业要淘汰旧设备、使用更好的新设备时,如果此时竞争对手尚在,垄断企业就会继续使用旧设备。如果少数大公司采用这一没有进取精神的竞争办法,在这种情况下,这些大公司所损害的主要是它们自己。但是,如果很多大公司都采取同样的处理方式,那么,这样产生的后果就可能是对文明的破坏。

仅最近出现的公司合并规模,就足以使目睹公司合并正在形成的人们感到震惊。如果地球又回到石炭纪,恐龙又出现在地球上,那么,这给动物生活所带来的变化,似乎也不会比这些怪兽般的大公司给商业世界带来的变化大多少。一开始,我们完全有把握的只是大公司的规模,我们几乎不能肯定出现在商界里的恐龙般的庞然大物,它们究竟是良善的还是凶猛的,虽然它们看上去相当凶猛,而且十分强大,难以驯服。于是,我们在立法过程中,就根据以上认识制定了法令,并企图消灭它们。

民众在经历了最初的恐慌之后,多少得到了些许安慰。一旦民众发现,那些看似掠夺成性的大公司并没有使出最凶狠的手段,还受到某些因素的制约,既没有像他们担心的那样提高产品价格,也没有降低工资收入，民众对大公司的看法就会变得更宽容。但是，即便如此，民众也从未给过大公司继续运作的许可证。托拉斯公司已经在最高法院——在民众自己的面前接受审判，审判仍然在进行中，托拉斯必须接受民众最终宣布的裁决。这个时候的证据比原来充足得多了，因为自托拉斯首次出现以来，它们的行为在很大程度上揭示了它们的真实本质。在这样的审判中，技术性细节将不会为托拉斯公司提供保护，因为一旦知道自己想要什么，国家就会如愿以偿，而现在的国家比过去更接近这一常识了。

如果回到19世纪最后一段时间里——如果回到1899年9月——我们就可以确定当时美国不同阶级与阶层的态度。当时在芝加哥举行了一次有关托拉斯问题的研讨会，参会成员代表了若干阶层与众多利益集团。参会人员发表的演说，向我们提供了了解这个国家的民众在当时面对托拉斯公司时他们在如何思考，以及他们如何对超级大公司倾向性地采取行动的途径。这些演说揭示了我们所说的托拉斯行为的不确定性。参加研讨会各方，就像他们在自己所在区域一样，存在意见分歧，与会者中仅有几位是托拉斯的支持者，更多的是反对者，还有大多数是正在期盼光亮的问讯者。

然而，上述情况展示了最令人鼓舞的事实，那就是在民众中存在大量的道德热诚，这是一种敌对真正垄断的情感，这种情感尤其会把美国南部与西部的民众团结起来，开展一场类似于反奴隶制度运动的"十字军东征"。民众对垄断，并不存在不确定的看法，而是持一种压倒性的敌意，问题在于当时的托拉斯在多大程度上是真正的垄断。如果事实证明托拉斯就是垄断，而且无法改革，那么，几乎每个人都会支持对托拉斯颁布严厉禁令、施行大量的惩罚。民众对托拉斯的全部行为，正如现在一样，全都取决于托拉斯是不是真正意义上的垄断，以及是否注定继续地垄断下去。

各州的成文法案中充满了反对托拉斯的法规，而这些法律条款是在对托拉斯的真正性质缺乏大量研究的前提下制定、颁布的。从多数立法者的角度考虑，最严厉的法律就是最好的法律。而立法者的这种激情并非建立在他们对情况有所了解的基础上，因为这些法令是在对大公司进行仔细调查——在不彻底消灭的情况下，对这些大公司还能进行何种处理的详细调查之前颁布的。尽管如此，这些法令是建立在对垄断原则真正本能的反感的基础上。虽然在每一个商业部门的正门上，立法者都用鲜红的文字写道"垄断有风险"，但错误在于他们没有经过充分审理就认定托拉斯就是垄断。

美国南部与西部对自由竞争制度抱有最高的热情，但实际上不只是局限于这些地区，因为诚实的资本与诚实的劳动一样，在任何地方都支持自由竞争。如果垄断被允许在商业世界中站稳脚跟，那么，资本与劳动将同受其害。幸运的是，整个国家仍然对垄断怀有无情的敌意，任何接受垄断的政党，以及与垄断进行"纠缠不清的联盟"的政党都得不到好处。任何政党，只有打着经济自由的旧旗号，才能在选举中获得成功。

除了靠着垄断兴旺发达的少数人应该支持真正的垄断外，只有一个阶层一直是垄断的坚定朋友。这就是旗帜鲜明的社会主义者，他们支持垄断，理由是他们认为垄断对公众有利。他们准许垄断迅速地发展壮大，直到吞并整个产业领域，然后，政府再对行业垄断进行干预，并对垄断进行控制。这样一来，托拉斯使不同的商业部门都更容易国有化。

一些劳动者常常会因为暂时的和不稳定的利益而依附于托拉斯。他们希望，如果向公众索取高价，托拉斯公司就可以与它们的雇工一起分享向公众索取高价带来的利益。一个受到公众舆论强烈抵制的真正危险的托拉斯公司，为了与广大公众对抗，它们可能与自己的雇工结成同盟，或者与托拉斯公司中重要的雇工阶层结成同盟。"付给我们高薪水，同时为了你们自己的利润，向公众索要高价"是这些劳动者向托拉斯公司提出的要求。而这样结成的同盟是否可以持续下去，完全不存在确定性。因为正在与公众做斗争时，托拉斯公司不希望后院起火；但是，如果在更大的冲突中赢得了胜利，此时的托拉斯公司可能就没有必要继续争取劳动者的支持，在这种情况下，它们的雇工与余下的大部分工人阶级都将会因合并而遭受伤害。毫无疑问，现在受到伤害的广大民众，将来也必定会遭受伤害。

20 最重要的事实是，我们实际上并不是在和被证实了必然要垄断的大公司打交道。我们正在对付的大公司是我们所知道的公司"合并"，而最重要的，我们可以肯定的是超大公司并不具有完全的垄断力量，尽管它们中的多数具有一定的抑制竞争的力量。那么，我们是否可以消除这些大公司确实具有的垄断因素呢？这是一个至关重要的问题，我们和垄断有关的全部政策都取决于此。这个问题的答案将告诉我们，我们是否可以驯服恐龙般庞大的超级大公司，我们是把它们变成可供役使的牲畜，还是除了毁灭它们外就只有束手无策。

随着垄断力量被消除，这些大公司将具有非常高的生产力，而且以它们的方法，它们还将取得稳定的发展。在这些大公司的管理体制下，我们可以预计财富生产将持续增加，工资也可能因此越涨越高。相反，如果我们不能消除这种垄断力量，如果这些公司所具有的部分垄断特性导致的罪恶越来越严重，那么，我们就必须将这些公司视为违法者，并断绝和它们的关系。到这个时候，我们需要解散这些大公司，因为试图去驯化一只真正的"章鱼"是不值得的。有人甚至会说，先放任这些大公司逐渐膨胀，政府随后对它们进行控制，这在第一次或多或少是合理的行动计划。在这个时候，我们会发现大量支持社会主义的言论出现。如果我们不准备走到这一步，我们会找到一些支持折中计划的言论，根据折中计划，政府在不占有这些大公司产业的前提下，应为这些大公司的产品规定销售价格。关于这一行动计划，我们以后会叙述。这不是一个值得赞扬的行动计划。

我们已经提到了一种资源，充分利用这种资源的价值是目前明智的行动方针。那种认为托拉斯是无可救药的垄断的假设，不仅没有得到证实，也没有事实依据，因为我们可以去除这些大公司所具有的大量邪恶的垄断要素。我们可以保留这些大公司所拥有的优势，而抛弃它们的邪恶部分，这就意味着我们可以保有全部的有庞大资本保障的生产能力，使我们自己在世界竞争中处于不败之地，如此一来，我们不仅拥有了自己的市场，还能够向国外市场大量销售我们的产品。而我们之所以可以如此，并不是因为我们的工人所得的薪资偏低，而是因为在自动的机器制造与大型工场的帮助下，大公司可以大规模地产销产品。

美国是托拉斯的天然家园，但是，如果我们可以消除这些庞然大物的危害，拔掉它们的尖牙，训练它们并善加利用，那么，我们就可以从中获得比其他国家更大的优势，实现物质文明所能带来的一切利益。我们可以成为进步的领导者，并获得领导地位才能带来的奖励，也就是在民众中广泛的财富丰裕与正当获益，确保智力的、道德的与物质的高水平生活。

一个用语言无法表达的重要问题是，国家集中管理方式可以走多远，而不会让民众承受无法忍受的垄断负担。在过去的十几年里，我们所得到的启示有助于回答这个问题，现在可以有把握地说，国家集中管理方式可以走得足够远，且可以为我们提供最大的生产力，而不会破坏个人行动自由、竞争和契约权利，不会削弱对创造性天才的激励，也不会对赋予文明巨大生产力的进步施加任何限制。我们必须放弃恢复拥有无数小工场的旧生产体系的希望（如果这就是我们所希望的），并且仍然有信心摆脱大工场所带来的麻烦与危险。我们可以在不期望国家控制全部资本的情况下保持乐观。如果"经济千禧年"的愿景让我们感到振奋，那么，我们将不会相信一个保管公共资金与共用一切的全新计划。

我们即将看到自身古老而熟悉的力量所保证的持续进步，我们也将看到社会有机体创造财富的力量在不断地增强，工资一直在上涨，资本的确时常以庞大的数额在不断积聚，而大部分资本的所有权分散为无数的小股份，掌握在民众手中。我们将看到工人在制造厂挣工资的同时，逐渐地获得资本；我们可能将看到企业经营进展得十分稳定，产业公司的债券、甚至股份因此可能成为工人储蓄常见的、安全的投资形式。我们将看到的前景中一个令人高兴的特点，即资产阶级和劳工阶级之间鲜明的分界线将会逐渐变得模糊，并且在大多数情况下，这条分界线甚至会被抹去，而之所以如此，原因是工人阶级将对他们使用的生产工具产生参与式的兴趣，也将分享工具所生产的产品。可以拥有这样一幅幸福远景的不只是社会主义者，对劳动者来说，随着他们的工资持续地上涨、储蓄持续地增加，这将是一幅充满力量的发展图景，而在所有了解竞争可以带来什么的人的眼前，都将展现出一幅和谐的、个人独立的和文明的前景。

现在，每一个值得考虑的政党都要求放弃"自由放任"政策；在目前的情况下，"自由放任"政策没有支持者，也不应该有支持者。提倡"自由放任"政策就等于认定自己要么是不可救药的反动分子，要么就是疯子。因此，我们需要做出决定的实际问题，是国家能做些什么来打开国家集中管理方式和垄断之间的裂缝，在控制垄断一方的同时，支持保护国家集中管理方式的另一方。如果可以做到这一点，我们就可以从庞大的垄断企业中获取利益，并制止垄断企业不时进行的敲诈，以及防止垄断企业胆敢进行更狠的勒索。我们将确保生产方法的进步，并把进步的生产方法带来的主要益处让与民众。

我们必须从危险的荆棘丛生的灌木中摘取产业与商业成功的花朵。本书的主要目的便是要提倡这样做的模式。我们必须弄清楚，在已经提出的计划中，哪一项计划行不通，哪一项计划运转顺利的可能性极大。成功的关键在于自然力，它甚至现在就对这些庞大公司施加了强大约束。我们必须对大公司加强这种约束，在这一点上，我们只能按照自然行事。我们应该像一名技术娴熟的医生，通过清除阻止病人治愈的生命力量的障碍，帮助病人恢复健康。

如果我们没有完全不正当的手段束缚竞争，又如果独立生产商有一个没有偏袒的公平竞争环境，那么，很少有大公司会成为垄断公司。上世纪（19世纪）80年代，托拉斯公司经历了一段艰难的历程，这段经历不仅对托拉斯公司自身有很大的启发性，对想要摆脱托拉斯公司造成危险的人们也应该有启发。自从这段历史发生以来，有关这段历史的某些基本事实已经广为人知，以至于我们在讨论托拉斯公司的问题时，会不断遇到这段历史中曾经发生的一些情况。如今，当价格上涨超过某一限度时，由于某些托拉斯公司过于贪婪的行为，在早期联合历史上曾更频繁发生的这种情况依然还会发生。一般说来，在这种情况下，新的竞争对手将出现在这一领域。

资本正在寻找出路，但要找到既可以盈利又没有风险的出路，这绝非是件轻而易举的事情。为了赢得足够多的利润，资本会去冒一定的风险。在早期，一旦不能充分懂得继续推进保守的计划，合并后的公司就会迅速地、几乎不顾一切地建设新的制造厂。这些公司现在不那么容易受合并诱惑了，因为它们将遭遇的风险比以前更大。诚然，即使是现在，在大多数产业部门，如果生产商联合起来，将价格提升至超出一定限度的高度，他们就会遇到原来的制约，这种制约不是来自政府法令，而是来自迅速建立起来的新的制造厂，这些新制造厂的出现将使价格降低。正是对这些新工厂的畏惧心理，依然有效地阻止生产商联合起来，将价格上涨至一定的高度，尽管单凭这种可能性通常无法阻止价格离谱地趋高。那些具备了某些条件、但从未建立起来的新制造厂，也仍然是一种控制力量，尽管目前它们控制托拉斯的缰绳还太长，对托拉斯在广大的范围内发挥其意志鞭长莫及。

而真正的困难，是这种潜在竞争的影响不可能像早期一样值得信任。即使是在上世纪（19世纪）80年代，托拉斯公司也可以在一定范围内抬高价格，而潜在竞争不会因此积极地行动起来。而此后托拉斯公司抬高价格的一定范围扩大了，因为潜在竞争对手并没有像它应该的那样迅速地成为真正的竞争对手。之所以如此，问题在于当潜在竞争对手出现在竞争场上时,它没有可以存活下去的公平合理机会,而是处于被托拉斯压垮岌岌可危的险境之中。托拉斯公司不是采用任何正常的手段、而是以它们所能采取的某些完全不正常的手段,去压垮潜在竞争对手。如果托拉斯公司不做这些不正当的事情,那么,潜在竞争对手将会处于相对安全的境地。在许多产业部门,只要利润变得足够高,值得竞争对手出现时,竞争对手就会迅速出现。在这种情况下,仅凭竞争对手出现的可能性,几乎就足以使价格保持在正常的水平上。如此一来,托拉斯公司通过经济活动不仅可以带给民众利益,也不会因它的强取豪夺而带给民众太大的麻烦。

在现代托拉斯存在的短时期内,上述经验已经在数百个案例中得到了证实,潜在竞争是一种真实的力量,这些案例同时也表明,这是一种十分容易受到阻碍的力量。有句谚语说,资本是胆小的,但现在为了做公众需要它做的事情,资本必须勇敢起来。那些建立制造厂"和托拉斯战斗"的人士总会冒一定的风险,但最近他们不得不承担更多的风险,而整个问题的解决首先取决于消除这种反常的风险。在不正常的风险消失后,我们应该具有这样的条件——首先,潜在竞争将产生预期效果;其次,我们将在一个领域内看到很多实际的竞争。在这两者之间,它们能够进行大量必要的调节,而更有益处的是,它们将可以确保生产力的进步。

庞大的资本现在可以欺凌更小的资本,大公司有权在廉价制造与销售商品的正当竞争中打败小公司,但是,大公司无权违规地对待竞争对手,并导致竞争对手陷入瘫痪中。然而,这却是托拉斯公司眼下正在做的事情,在这样的情况下,潜在竞争不可能对些微的

29 诱因做出积极反应而活跃起来。因此国家需要设法保证潜在竞争力量总能蓄势待发。在这一点上，我们需要谨慎处理产业机制，其所依托的媒介要对潜在竞争力量的伤害保持高度的敏感，然而，笨拙的法规与更加拙劣的管理，使得潜在竞争力量进入竞争领域中时，遭受到了野蛮恶劣的对待，而了解这种情况的潜在竞争者事先就会感到恐惧，为此，它们往往根本就不涉足竞争领域。

　　长期以来，托拉斯公司做一些与法律精神相悖的事情，它们却不会受到法律的惩罚。如果法律完成了即使是狭隘的斯宾塞主义政策所要求的唯一任务，即对财产的保护，那么，托拉斯公司就不可能做成这些违法之事。托拉斯公司的有些行为带着欺诈的本质，尽管托拉斯的这些欺诈行为很少被成文法界定与禁止。很明显，这些成文法并没有超出普通法的范围，也不在我们现在所理解的《谢尔曼反托拉斯法》的诉讼范围之外。但是，这些法规依然不足以应对托拉斯公司不公平行为所带来的日益严重的问题。我们需要弄清托拉斯公司这些不公平的行为是些什么，以及我们对付这些不公平行为需要什么样的政策。我们要查清楚，通过阻止托拉斯公司不

30 公平的行为，我们如何将超大公司置于合法的范畴，以及我们自己如何在没有危险的情况下利用它们的生产力。政府可以运用洞察力，探明自然法如何发挥作用，由自然法指引正确的实践并迅速地实施起来，这样可以解放即使目前仍受到约束的竞争力量，不仅使我们的竞争状态可以持久下去，也可以使竞争力量充分发挥自己的影响，竞争环境因此宽松起来，给人以希望。我们可以在促进而不是在压制全面繁荣、在增加而不是在减少我们在各国正参与的激烈经济竞争中取得成功机会的同时，做到这一点。

第二章　联合与垄断

生产效率与暴力——庞大的规模不总是意味着生产效率的提高——甚至可能是毁掉高效竞争对手的不公平做法——对潜在竞争对手的影响——如果联合有效地受到潜在竞争的遏制，那么合并比积极竞争状况更具优势——确保垄断安全的政策——对垄断行业与一般领域的劳动者的影响——减轻处罚——扩大垄断、缩小竞争的危险

某些集中管理方式仅仅因为高效而逐渐获得了发展。效率更高的工场会和它们的竞争对手拉开距离，抢走竞争对手的生意。适者生存对不适合生存的存在是艰难的，但对世界却是有益的。但是，还有另一种集中管理方式，我们在这方面积累了很多经验。这种集中管理方式与高效服务社会，以及在追求卓越的竞争中超越竞争对手之间有着天壤之别，它消灭竞争对手的方式并不是取决于自身的卓越和竞争对手的低效率，还有，这种消灭竞争对手的方式根本不可能造福社会。托拉斯公司在其运转行业领域内，可能会压垮在对社会服务方面比它自己做得更好的竞争对手。当托拉斯的竞争对手——某类生产商被迫离开所在行业领域时，他们不是为整个公众利益而做出替代性牺牲，他们与公众一样都是受害者，因此，

除托拉斯公司外，这类生产商的牺牲对每个人来说都是有害无益的。如果社会要避免由最近任何经济原因引起的更严重的危害，那么，托拉斯公司压垮这类竞争对手的行为就必须制止。

人们认为，仅凭托拉斯公司庞大的规模，就足以使其产生超出其实际能力的强大力量。这样的力量是否可以使托拉斯公司独占市场、对其商品索取任意价格呢？它是否允许联合企业关闭尽可能多的制造厂、解雇尽可能多的劳动者，与此同时，在没有竞争对手进入市场的情况下，是否开始向市场提供托拉斯公司已经停止供应的商品呢？如果上述一切都发生了，情况就将变得不可容忍，国家为了摆脱这种弊端而被迫采取的任何应急处理方式，都将因情况十分糟糕而变得不合理。在某些条件下，托拉斯公司可以做到上述事情；而在另外一些条件下，托拉斯则无法做到这些事情，因此，国家要创造的是"另外一些条件"。

33　当我们注意到有一个大公司，同时发现有一个小公司在十分无助地与这个大公司竞争时，我们有可能迅速地得出二者竞争已经结束的结论。但是，商业世界里存在许多可以被唤醒的潜在力量，能够实现我们的愿望。人们普遍认为，在与小公司的合法竞争中，大公司庞大的规模就几乎总是可以给它带来决定性的竞争优势。但是，这是一种不准确的推断。因为正是在一种极其不正常的竞争中，庞大的规模才赋予大公司的战斗力。如果我们将全部的商品价格都降低，那么，在同样的降价过程中，大公司的损失将远远大于小公司所承受的损失。一家资本为 1 亿美元的公司每年损失 500 万美元，不可能比资产 10 万美元的公司 1 年损失 5000 美元更安全。如果这两家公司之间进行的是公平的战争，那么，小公司可能和大公司一样可

第二章 联合与垄断

以坚持到最后。如果一家公司在恶性竞争中所蒙受的损失与其资本规模成正比，那么，这家公司就不一定是一个危险的竞争对手。

经验证明，一个配备了最新、最精良的机械装置的新工厂，与因受陈旧机器设备所累的托拉斯公司相比，往往是一个更强大的竞争对手。如果我们唯一需要担心的就是降低生产成本方面的合法竞争，那么，修建一座配备优质的制造厂，并为制造厂争取赞助，这就不会产生风险。

但是，如果托拉斯公司可以继续利用其规模所带来的一切不公平的优势，我们的处境就将迅速变得完全无法忍受。如果托拉斯公司可以跟踪一个刚进入其行业领域的新的竞争对手，并可以在竞争对手控制地盘里以低于竞争对手的产品价格报价，同时在其他地方保持价格不变，这样一来，托拉斯公司就会拥有至关重要的决定性的竞争优势。在这种情况下，即使竞争对手在生产商品的经济节约方面可能远远比托拉斯公司有优势，它也可能会因这种掠夺性策略而被迫停业。有一位独立生产商，他发现自己陷入了这种困境，一天，他去拜访把他逼得走投无路的托拉斯公司的经理人，这位经理人却粗鲁无礼地警告他："最好退出这一行业。""但是，难道你没有发现，"这位独立生产商说，"在我经营的地盘里，你没有发现我可以用比你们更低的成本进行生产吗？"托拉斯经理人回答说："难道你没有发现，假如我们在你经营业务的20个城市亏损，而在我们经营业务的其他200个城市赚钱，我们就占了先机吗？"托拉斯公司施行的这种区域价格歧视，常常是它们的竞争对手无法抵抗的一项战略措施。

其次，托拉斯公司这种价格歧视，不仅在不同的地方之间形成价格差价，还会发生在不同等级商品的一般价格尺度上。托拉斯公司可以生产多样化的一类普通商品，而它们的竞争对手可能仅生产其中一种。在这种情况下，即使托拉斯公司的竞争对手可以在国内许多地区进行业务经营，托拉斯公司也可以追逐竞争对手，然后摧毁它。托拉斯公司一面可以把竞争对手所生产的这一种特定的商品价格降到成本以下，同时，一面又保持所有其他种类商品原来的高价位。

其三，在某些条件下，托拉斯公司可以完全拒绝销售商品。对不遵守其规则的独立生产商，托拉斯公司可以对他进行抵制。其要求之一可能是这位受到托拉斯公司抵制的独立生产商，反过来抵制所有的独立生产商。这是"独家采购协议"的基础，根据该协议，托拉斯公司在其繁多的产品种类中，拥有一些对独立生产商业务至关重要的商品，如果独立生产商从托拉斯公司的竞争对手企业手上购买任何种类的商品，托拉斯公司要么拒绝向该生产商出售任何商品，要么拒绝给他必要的商品回扣。

以上所述方面有一个重要的问题，即如果一位潜在的竞争对手事先了解到了一旦建立起一座制造厂，这就是将要发生在他身上的事情，他就会打消建立制造厂的念头。托拉斯公司制造的商品价格歧视所带来的危险，在这位竞争对手进入某领域后，不仅完全可以将这位竞争对手赶出该领域，也完全可以在这位竞争对手做出任何努力准备进入某领域之前，就已经被拒之门外。

那么，在我们所能创造的最有利的条件下，潜在竞争能够实现多少呢？设想我们夺走了托拉斯公司全部的武器，迫使托拉斯只能采用为全部顾客提供更优质服务的方式去打败它们的竞争对手，而这样的竞争方式，将使高效服务公众成为竞争者在竞争中取胜、可

第二章 联合与垄断

以存活下来的唯一考验。那么,在这样的情况下,垄断会实现多少呢?我们可以假设,许多产业里的生产商已经联手了,直到旧式竞争完全停止,与此同时,资本和劳动都处于理想的自由状态,它们能够在绝对安全的情况下,转移到可以通过转移活动获取收益的任何地方。我们以这样的假设来形成一些想法。这样一来,人们就会想象出这样一个世界——一个完全没有大量竞争者时常进行着公开竞争的世界。一个行业部门将不再意味着100家同类的制造厂,这些工厂相互独立运转,并不顾一切地拼命摆脱对方的主顾。人们所看到的情况,将是私营生产商没有必要借助出差到各地的推销员的口才,也没有必要通过报纸广告上富有吸引力的宣传,通过与美国公路、有轨电车、可用的墙面空间装饰结合起来的生动的艺术表达所产生的诱惑力,以这种或那种方式来吸引困惑的购买者。如果在每一个产业部门,都有一个运转顺利的大公司出现,那么,这种情况将会带来非常繁荣的经济。只要这家大公司被迫将它的全部收益都提供给公众,那么在某种意义上说,这将是十分理想的状况。然而,至关重要的是最后一点,因为只要有机会,对某一领域的垄断就会发生,并因此给垄断者带去相当可观的经济收益,但要为公众争取到一份应得的利益,则还需要一场斗争。

当然,为了可利用的潜在竞争,并因此从合并中为公众获得一定程度的利益,仅凭宣传就将发挥不可小觑的作用。在引导公众购买产业证券方面,公众必须了解的一点是托拉斯公司所拥有工厂的收益能力。如果托拉斯公司的工厂盈利能力巨大,那么,其他资本进入同一行业的诱因就会相应地变得相当大。不过,很明显,这样的宣传远远没有达到消费大众希望实现的目的。我们可以想象,托拉斯公司股份的投资者多半是安全的,而受到丰厚利润诱惑的托拉斯竞争对手则可能会遭遇不幸,因此,消费者和劳动者可能都会发现,他们的利益处于极大的危险之中。人们想要解决的更困难的问题,也正是他们一直在试图解决的这个问题,即保护后一类人群——消费者与劳动者的利益。

如果垄断企业在其垄断力量上的地位绝对安全,那么它将做什么呢?如果垄断企业是这个国家某种商品的唯一来源,那么该垄断企业给商品定价的规则又是什么呢?通常来说,要回答这个问题并不难。垄断企业给商品的定价,将可以为垄断企业提供最大的净利润总额。只要垄断企业可以支付所有实际使用的资本的利息,以及在支付各类劳动者的工资之后获得最大的收益,无论商品的价格怎样,都将被托拉斯公司所采用。

当然,最大的净利润总额一定程度上取决于商品成交数额,如果商品价格提得特别高,商品成交数额就会十分小,那么,除了劳动者工资和资本利息之外,可能就完全没有利润可赚了。商品成交数额只有达到一定的程度,才能在垄断的优势下提高价格。事实上,我们可以想象,提高商品价格的操作可能会达到这种程度——连资本的利息、甚至劳动者的工资都无法支付。如果以试探性的方式提高所生产的商品价格,就会发现,虽然可以提高每一件商品销售的利润率,但商品价格每一次上涨都会导致商品成交数额的减少。在一段时间内,利润率的增长抵消了商品成交数额缩减所带来的收益损失,经济收益总额在稳步增长。但当商品的价格提高到一个临界点,我们发现情况会恰好相反,商品成交数额收缩所减少的总收益,超过了提高每件商品价格所带来的利润。垄断公司绝不会允许这样的事情发生,它们感兴趣的是将商品价格提高到其总利润开始减少的程度(见图 2-1)。①

垄断对劳动者工资的影响

垄断既不利于劳动者的福利,也制约着消费者的福利,然而,当前形势的悖论之一,是合并股份公司常常吹嘘它们在为工人阶级做些什么。它们宣称,如果付给它们自己公司雇用的工人的薪水比其他工人多一些,它们就会对劳动力市场起到有益的作用。

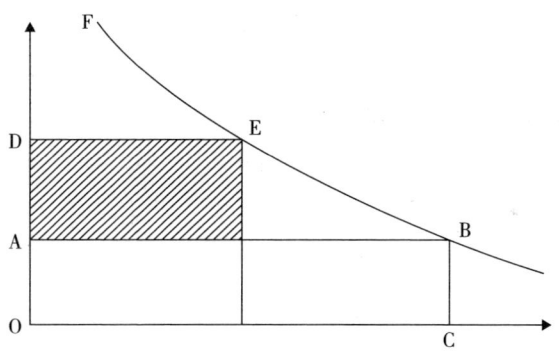

图 2-1　垄断价格示意图

---

①　在图 2-1 中,沿直线 OC 的距离,代表生产商品的数量,在这条线上测量的垂直距离是生产成本与销售价格,下降曲线 FB 代表以不同价格出售的不同数量的商品,商品数量随着价格上涨而减少,反之亦然。如果制造商品的成本用 AB 线段的水平来表示,那么,垄断者将把他的垄断价格固定在线段 DE 的水平上,这样一来,阴影部分——代表全部销售的净利润总额应当尽可能地大。显而易见,这是假设销售面向外部公众,因此可以利用外部公众。如果垄断领域扩大,竞争范围缩小,那么,我们将接近这样一种情况,即垄断企业只能互相利用,到最后阶段——整个产业都处于一个庞大的合并中,它将会构成消费大众本身。一个无所不包的联合体,通过限制产量来扮演垄断的角色,这在逻辑上是荒谬的。

这种情况可能有助于使垄断公司自己的雇员友好地对待公司，但在垄断公司和广泛的工人阶级之间的公平问题上，这远远不是有利于垄断公司的决定。如果我们想知道劳动者是否对托拉斯公司心怀感激，要查清楚该问题最不明智的办法，就是简单地看看托拉斯公司支付给自己雇员的工资标准。当托拉斯公司关闭工厂与限制工厂生产规模时，托拉斯公司因此解雇的员工情况是我们需要考虑的，而托拉斯公司将这些雇员排除在一般劳动力市场之外的影响，是对托拉斯公司所宣称的对劳动力市场起到有益作用的最终的决定性检验。

在成立之初，托拉斯公司几乎无一例外地都会发现，从它们自己的角度来看，在其特定的行业领域里，总是会有"生产过剩"存在，托拉斯公司于是着手关闭一些该行业的制造厂。在这样做的过程中，托拉斯自然选择关闭效率较低的制造厂，并在一定程度上可能增加效率较高的制造厂的产量。但总的来说，托拉斯是以该行业领域一定数量的雇员失业为代价，缓解了它所谓的生产过剩。这些被解雇的失业人员进入劳动力市场，尽其所能找到工作，而他们在劳动力市场的存在，则意味着一般工资率水平的轻微下降（见图2-2、图2-3）。①

---

① 图2-2和图2-3描绘了劳动就业领域，分为两部分，分别代表面临垄断危险与没有面临垄断危险的产业。矩形的高度显示连续的劳动力单位所能生产的产品价值的递减，工资率由最后的或边际的劳动力生产的产品价值确定。如果有10个劳动力单位，正常工资将线段AB距离基准线（横坐标轴）的高度来衡量（图2-2）。在图2-3中，一半的就业领域被垄断，产量受到限制，雇用的劳动力单位的数量从5个减少到3个。2个被转移的劳动力单位必须挤进竞争领域，从而迫使劳动力价值下降到线段EF的水平。垄断企业雇用的劳动力可能会得到更多，因为限制雇用劳动力所带来的（转下页）

第二章 联合与垄断

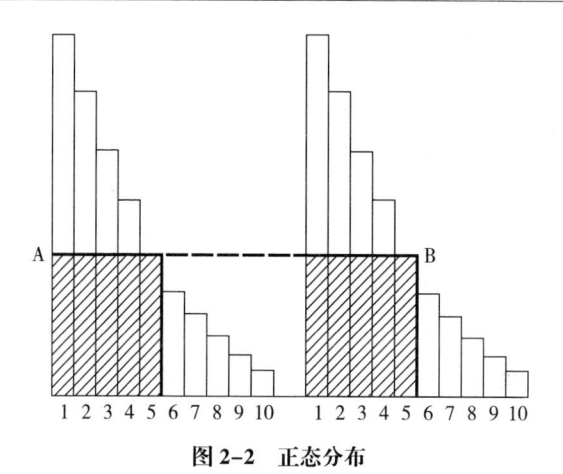

图 2-2 正态分布

所谓生产过剩，作为解雇工人原因之一的说法可能正确，也可能不正确。如果产量过于庞大以至于极高的利润率难以实现，但又没有太大到无法让公众受益。那么，在希望商品价格高的生产商看来，这可能是生产过剩了，但对希望商品低价，以及希望更充足地供应必需品和舒适生活品的生产商看来，这又一点都不过剩。

即使是劳工组织本身，也可以在降低一般工资率的同时提高自

（接上页）垄断经济收益（由图中的阴影部分代表），可能会与留在优势产业的劳动力分享。即使继续挣得的是以前的工资率 A'B'，他们也会比新的竞争性工资率——由于托拉斯公司自己所为而降低的工资率挣得更多。在这种情况下，托拉斯公司的朋友可能会争辩说，托拉斯公司使劳动力受益，并将劳动力工资提高到竞争水平之上！很显然，实际情况正好相反。垄断企业以外的劳动力蒙受了损失，垄断企业内的劳动力，根据其讨价还价的能力，可能获得、也可能没有获得收益，而消费者则因为被转移的劳动力的生产能力下降而受到了损失。这种损失是由矩形 4 和矩形 5 与矩形 6 和矩形 7 二者间的阴影部分之差来衡量的，矩形 4 和矩形 5 的阴影部分是垄断企业不再生产的产品，矩形 6 和矩形 7 的阴影部分是被转移劳动力在其新环境下所能生产的全部产品。

图 2-3 垄断分布

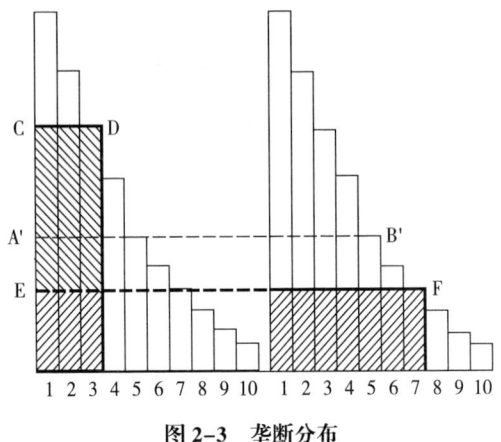

己的特别工资率。劳工组织在任何情况下都对其雇主说"请付给我们更高的薪资,然后让公众承担支付高工资的成本",都会促使雇主采取刚才所描述的行动。雇主可以向被解雇的工人群体支付附加工资,因为这意味着产品减少,以及因产品减少而价格提高。通过这样的途径,劳工组织也许在一定程度上有所发展。这是一种向公众攫取经济利益的雇主和劳工组织的合作关系,而这种合作关系是由垄断企业的组合导致的。联合体将设法把独立劳动者排除在其领域之外,就像用人公司会试图排挤独立资本一样。

尽管一个稳固的垄断企业可以为原材料设定自己的价格,但如果相同的原材料可以用于其他用途,那么,原材料价格便不能完全由一个买家控制。然而,这一客观事实并不意味着我们无法说明在购买其所需的原材料上支配垄断企业行为的原则。垄断公司将以最低价格购买生产所需数量的原材料。在某些情况下,垄断企业会大量使用原材料,这种行为几乎完全控制了原材料的价格。垄断企业用以购买原材料的资金越少,原材料的价格就越低,这也是垄断企业削减其产品产量的更深的动机。

这个问题有其复杂性,就我们的目的而言,我们没有必要对这个问题进行深入探讨。通常情况是垄断企业通过缩减其产量总额实现的利润,其中一部分利润来自垄断企业可以以较低的价格购买原材料,另一部分来自垄断企业可以以较高的价格出售其产品。然而,由于所要购买的原材料通常可用于其他用途,因此,垄断企业通常不能像抬高其所要出售商品的价格那样降低原材料的价格。

举例来说,生产亚麻籽油的托拉斯公司有什么能力控制作为其原料的亚麻籽的价格呢?一方面,亚麻籽本身仅限于用于亚麻籽油的用途,除非通过生产亚麻籽油的托拉斯公司,否则不可能有实际有效的市场,但另一方面,亚麻纤维本身可以在不受托拉斯公司影响的市场上销售。人们为了获得亚麻纤维,可以种植亚麻,即使这样不得不丢弃亚麻籽。在这样的情况下,以下情况似乎有存在的可能:(1)托拉斯公司可以依其意愿减低亚麻籽的价格,(2)亚麻籽是亚麻纤维的一种副产品,这一实际情况将减轻托拉斯公司降低亚麻籽价格对亚麻种植者造成的伤害,而且,至少其中部分负担可能最终转移到亚麻纤维的购买者身上。很多制成品都含有亚麻纤维,因此,在短时期内,要形成一个囊括所有含亚麻纤维产品的大垄断企业,这还不可能,而且,对任何一种含亚麻纤维产品的垄断都不可能对亚麻价格形成控制,从而给亚麻生产商造成巨大损害。

我们可以举一个烟草产业的例子。烟草种植者对只经营香烟、或者只经营嚼烟的托拉斯公司毫不关心,但是,如果将托拉斯公司的经营延伸到香烟、雪茄、嚼烟和鼻烟，那么，肯塔基州就会出现成群结队荷枪实弹的"夜骑士"，他们试图强行实施烟草种植者的反垄断，以毒攻毒。

再举例说明，垄断全部钢铁生产的垄断企业将对铁矿石进行控制，独立矿主可能会发现，他的矿区土地特许使用费被完全侵吞了，这是一方面；另一方面，制鞋业的垄断企业不可能控制皮革的价格，因为皮革可以用来制作马具、皮带，还有其他的许多种用途。但是，制鞋业垄断企业的行为，可能会在一定程度上压低皮革价格，如果这样，这将是制鞋业垄断企业经济收益的因素之一。

另一项保护公众免遭垄断带来的最坏影响的重要因素，是这样一种情况，如果一个庞大的托拉斯合并公司控制了多种产品的产量，那么，该垄断公司将不会认为像单一垄断企业那样提高产品价格的做法是可取的，即只生产一种产品，其产品价格自然会升高。如果我们可以暂时假设，一些社会主义者的梦想已经实现了，一个无所不包的、可以控制投入市场的每一种产品产量的托拉斯公司已经形成，那么，该托拉斯公司削减其产品产量完全不符合它的利益。如果从对消费者征税的角度考虑，那么如果有一个人像鲁宾逊·克鲁索一样活着，生产自己吃、喝等所需消费的全部物品，那么，他少生产而不是多生产，除了伤害他自己，对其他任何人都不会形成伤害。如果我们把托拉斯合并公司看作在实际上与前者处境相同，如果它也执行同样的策略，那么，这只能使托拉斯公司自身陷入窘境。如果不只是一个垄断合并公司，而是有许多个垄断公司，这些公司中的每一个都完全垄断控制了一种特定产品，那么，它们可能采取的削减任何产品产量的行动都只会使彼此陷入困境，任何有效

第二章 联合与垄断

的垄断赢利同盟,或者任何有效的私下协议,都将阻止这些垄断企业诉之于此。如果棉织物垄断公司、毛织品垄断公司、钢铁垄断公司、糖垄断公司、烟草垄断公司、威士忌垄断公司,如此种种,一个接一个地缩减其产品产量,那么,这些垄断公司将互相形成伤害,所有的利益与共者都要求它们停止减少产量的行为。

注:这是一种纯粹的理论,然而,即便如此,也只是做了极其有限的部分说明。在一个托拉斯公司普遍存在的管理体制里,雇主与雇员之间将会产生非常严峻、十分复杂的问题。此外,托拉斯公司互相之间形成的垄断赢利同盟,将遇到比单个商品独立生产商之间的垄断赢利同盟——就像我们在市场上实际看到那种赢利同盟更严重的困难。缩减廉价的、必需的产品的产量,同时不影响奢侈品的产出,这将对雇主造成灾难性的影响。在这种情况下,雇主与雇员之间的整个关系都将面临几乎难以解决的难题,幸运的是,这种难题并未落入成为现实的巨大危险之中。

我们在此引入这样一个疯狂假设——由单个托拉斯公司生产一切,或者由不同的托拉斯公司垄断赢利同盟生产一切的全部重要性在于这样一个事实,即许多真正的托拉斯公司因解雇员工和关闭制造厂而获得的经济收益,不可能像几家托拉斯公司从同样的策略中获得的经济收益那样大。当有大量公众可供托拉斯公司掠夺时,收获是很大的;相反,而仅有少量公众可供掠夺时,收获就会很小,这就像一位剪羊毛的人带着一群羊与一群剪羊毛的人守着一只羊做对比,这是一方面。另一方面,毫无疑问,随着剪羊毛的人越来越多,羊的生长状况就会越来越糟。我们迫切需要采取的政策,应该使我们与一般垄断制度这样的邪恶保持距离,而且,我们不要把

49 这种邪恶的到来视为十分遥远的偶发事件。但是，重要的是，我们朝这个方向迈出的每一步，都会使公众的境况变得更糟糕，尽管每一个迅速增长的垄断公司所获得的经济收益率将随着垄断公司数量的增加而有所减少。

第三章　怎样不处理托拉斯公司

不负责的打击——公有制不是现在的问题——全面废除保护性关税的危险——我们的保护体系是不合理的——应该指导改革的原则——如果关税改革带来最好的结果，我们就应该保护独立生产商免遭托拉斯的重拳打击——在抵御外国竞争对手方面，与国外竞争对手相比，我们的产业能力相对不对等——关税的效果是平衡生产成本，为没有达到通常效率的生产商留下余地——互惠问题——如果生产商被剥夺了在国内市场获得垄断收益的机会，他们就可能赞成扩大对外贸易——在关税改革上维持国内竞争的重要性

对托拉斯公司的法律处理似乎受到了这样一句格言的影响，即"如果对囚犯心存疑虑，就绞死他"。各州有关这些托拉斯联合的立法中，对托拉斯实施严厉禁止的法规比比皆是，但是，却只有少数情况才采用明确的法令，去界定和禁止这些托拉斯联合的非法行为。

与此同时，人们普遍认为，这样的法规不会得到执行，而且也没有确凿的证据表明，如果它们得到执行，将带来有益于公共福利的结果。国家抓住了颁布法规后出现的机会，行政部门在尝试强行

实施这些法规方面做出了很多贡献。因意外射杀他人应该被判绞刑，这是蒙大拿州的判决，判决的理由是"处在这样情况下的人知道自己在干什么"，这一逻辑似乎也适用于此处，理由是国家在摧毁一项制度之前应该知道自己在干什么。

一个并非完全愚蠢的理由导致了行动方针的动摇，那就是上文所说明的"严厉法规行不通"的观点。我们把枪口对准空弹夹的假想敌人，比我们把枪口对准装满实心弹的敌人更安全，正是这一事实，在某种程度上解释了美国人以一种怎样轻松的方式，将旨在捣碎庞大的托拉斯合并公司的成文法规写进了法案。这些法规在通过之前可能已经完成了一项重要的工作，在当时它们不过只是政治纲领中的要点。严厉的措施至少对承诺采取这些措施的各个政党都有利，只要这些措施行不通的可能性极其大，那么，将这些措施制定成法规就不会存在太大的危险。政治纲领要求制定带有痛苦和刑罚的禁止性成文法规。

现在看来，至少有一部法案不是虚设的，这就是《谢尔曼反托拉斯法》。如果制定一项我们在任何时候都不打算强制实施的法规从来都是明智的策略，那么，除非我们现在打算强制执行，否则，将其记录在案、写进法典中就是非常不明智的做法。

在我们处理托拉斯公司可以采取的措施中，有些措施只需公布即会遭到拒绝，其中就有这样一项措施：联邦政府直接将属于托拉斯公司的工厂收归名下、并以人民名义管理其业务。我们不能忽视将这项措施视为最终理想的群体，但在实际上，很少有人真正致力于立即执行这样一项影响广泛的措施。关于完全社会主义的终极诉求问题，我们不需要做深入的讨论。

允许托拉斯公司独立运作，并准许它们按自己的意愿行事的政策，比把它们的业务转交给政府这一政策所获得的支持要少得多。后者虽然得到了一定数量的明智人士的支持，但不会即将发生。而这本书只对可能发生的事情留有篇幅。

还有一份得到更多支持的处理托拉斯公司的措施清单，对列入这份清单里的各项措施，最好使用排除规则。清单中的一些措施几乎肯定不会被采纳，立即将这些措施排除掉，我们因此便可以少花心思，把精力留给更有利的政策。

对待保护性关税

有一小部分人，他们赞成全面废除所有的保护性关税，并希望尽早实现这一目标。这部分人赞成这项措施的理由与它对垄断的影响无关，但正是这种影响给他们提供了一项有力的新论据，以支持他们的总方针。废除对托拉斯公司制造的全部商品所征收的关税，这将是朝着完全自由贸易的方向迈出的一大步。为了实现反托拉斯措施的目的，在极其广泛的范围内减少关税，这将非常有必要。一边将某些托拉斯联合公司暴露在所有国外竞争对手面前，一边继续保护其他一些联合公司，这种做法离解决问题还十分遥远，因此所获得的经济收益几乎不值得为此遭受干扰和承担风险，这是一方面。另一方面，很多关税被完全废除了，这对人们来说，看起来像是冒险跳进不确定的深渊，接下来，如果事实证明一些关税不仅支撑着托拉斯公司，而且也支撑着产业本身，而这些关税被取消后，该产业的商品生产就将变得无利可图，那么，国家重建该行业就必须付出高昂的代价。我们暂且不论这样做最终带给我们的是一个更好的制度、还是一个更坏的制度，但我们都可以迅速地断定，摧毁行业部门、破坏资本、浪费劳动的无论是什么，从任何未来的和不确定的经济收益来看，其成本都将十分高昂，而且极端不合理。不少人完全反对关税保护体系形成的理念，然而，一旦关税保护体系形成，就不会有多少人支持迅速、彻底地废除它。在某种程度上说，仍然依赖关税保护体系的产业获得了某种被考虑的权利，经验表明，这些行业轻易地得到了它们有权获得的所有报酬。

然而，这样说并不是要否认我们对进口关税制度的重大改革特别有必要。我们的问题是，对进口关税制度进行改革应该依据什么原则？如果将大多数人认为不合理的关税界定为"招致危害的"，我们就会发现，这个界定将给我们留下很大的废除余地。对几乎所有不带偏见的人来说，我们的关税保护制度中有很多是完全不合理的。以欧洲廉价劳动力为由征收的关税，却比任何地方的劳动力总成本都要高，这样的情况没有正当的理由。购买自己的制造品却要支付比同样购买的欧洲人高出许多的价格，美国人对这种情况已经感到厌倦，他们发现这其实是一种补贴出口贸易的昂贵模式。这项在国内要价高、国外要价低的关税保护政策，虽然也有一定的道理，但一旦超出某种限度，它就会被证明存在不合理性。

从表面上看，在试图为我们自己生产的商品赢得外国市场的同时，拒绝接受以外国商品作为交换，开始显得不太合理了。毫无疑问，出口货物主要由进口货物支付，我们不可能长期出口我们的货物，只换取货币和有价证券。如果对外贸易以这样的方式开始，那么，对外贸易很快就会达到这样的水准，即对外出售货物就一定意

第三章　怎样不处理托拉斯公司

味着买进货物。这样的事实应该会促使我们不断地去掉关税保护制度中一个又一个的突出方面，也引起了制造商对互惠条约产生好感。

对进口关税，有一种科学严谨的处理方法，但是，如果我们不能确定关税与垄断问题之间的关系，我们就不能指望发现并采用这种方法。关税对存在于一个产业内的托拉斯有所帮助，但关税对与托拉斯公司一起构成整个产业群体的独立生产商们也有一些帮助。关税也同样影响潜在生产商，即那些尚未进入但如果提供足够的诱因就会进入该产业领域的生产商。由于独立生产商与潜在生产商都是解决托拉斯问题的关键要素，因此，关税问题与处理垄断公司的问题有着密切的联系。

我们不用像研究关税问题那样走得太远，我们可以罗列出以下各项基本上是不证自明的观点。

（1）哪里有托拉斯公司，哪里同样有需要考虑的独立生产商。只要独立生产商能够保证他的资本和劳动获得回报，他可能现在就在产业领域里，也可能只是随时准备进入该产业领域。

（2）该独立生产商应该接受公平竞争，而不是受到其强有力的竞争对手不公平的掠夺性攻击。

（3）如果独立生产商避开了与强有力的竞争对手不公平的竞争，他的存在及其前景将为公众提供重要的保护。

（4）如果公众可以通过保持竞争的活力来保护自己，那么，这就能以最明智的方式改变关税。

（5）对关税明智的变革不会以使垄断行业陷入瘫痪的目的进行。行业自身值得保护，如果没有托拉斯公司存在，也将会得到保护。在降低关税的同时,存在使行业免于削弱,却为公众提供完全必要的服务,并在解决垄断问题上给予协助的可能。

(6)只要美国制造的产品价格合理,关税就可以把外国产品排除出国内市场;而当美国制造的产品价格过高时,我们可以请外国产品进入。这是迄今为止确立最高限价规则的最好方法。

(7)如果存在潜在竞争并辅以大量实际的公平竞争,那么可以预期,美国制造的产品价格将是合理的,在这种情况下,进行适度的关税保护将使美国产品拥有自己的市场。

(8)以适度的税率征收关税,每当美国产品价格高得离谱时便引入外国竞争,这样一来,托拉斯公司压垮独立竞争对手的动机就要小得多。如果将外国竞争完全排除在外,那么,托拉斯公司就无法用它所赚取的暴利,去弥补在降价战中所付出的实际成本。

结　论

对保护性关税进行调整是最可行的,因为这是确定最高限价的最科学的措施。我们可以对保护性关税进行调整,以保护独立生产商、提高潜在竞争的效率,并完成对付托拉斯公司的第一要务。保护性关税可以把价格控制在一个过于昂贵的价格水平之下,而不会使公众暴露在风险与某些无法忍受的弊端面前,正如我们将看到的那样,这些弊端会一直伴随着政府自身对一般价格的直接调控。

这些观点的真实情况将随着论证的继续进行而显现出来,它们所表明的是,如果我们以正确方式对待我们的关税保护制度,那么,至关重要的是保持竞争活力,反过来,对关税保护制度进行适当地调整，又将有助于我们保持竞争活力。我们可以在不立即调整关税的前提下解决垄断的问题，但是，当我们按要求切实进行这些调整时，我们要将解决方法制定得更完整，还要争取到更多的普遍优势。如果垄断不存在，那么，降低关税本身就有好处。控制托拉斯公司，然后去除托拉斯公司中的垄断成分。请尽快地改革关税，如此将更容易、更彻底地控制托拉斯公司。改革关税将提供限制价格上涨的最佳方法。

概　要

那么，现在的实际情况是什么？美国到处都是大型公司，其中有一些大型公司拥有名副其实的绝对的垄断力量。它们受到关税保护，因此可以向美国消费者收取其行业的"固定要价"，从而以低于国内的价格向国外出售商品。这些垄断公司实际上是从国内消费者手中收取了维持其出口贸易的补贴。不可避免地，有人强烈要求废除大型垄断公司所凭借的可以进行上述操作的全部保护性关税。如果该要求得到了满足，我们就会发现，我们的关税将无法保护大量的各种各样的制成品，却能给我们的原材料形成保护。这将彻底改变传统的思路，建立起制造业；这也将是一种对关税的改革，这样的关税改革不仅将对作为所在几个产业领域内的威胁力量托拉斯公司带来损害，也将对这些产业本身，包括我们需要鼓励的产业内的独立生产商形成伤害。这样的提议将引起一场阶级斗争，在斗争中，作为公众天然的朋友与保护者的独立生产商，他们将支持联合、反对改革者。这场斗争运动要取得成功，唯一的途径只有通过充分使用暴力击败垄断者与自由竞争对手。

废除对托拉斯公司商品征收的全部关税，在少数情况下，将不会对整个国家产生长久的不良影响。毫无疑问，一些制造业部门已经达到了这样的阶段：在没有关税保护的情况下，美国制造商在获得公平回报的同时，可以控制自己的市场，并与外国制造商竞争。没有任何外国竞争者可以强迫这样的美国生产商，将其产品价格降低到消灭利润点的地步。此外，这不是特殊的和备受青睐的制造商们的情况，而是在某些行业中的大多数制造商的情况。举例来说，即使免征美国钢铁产业产品的全部关税，有人会认为美国的钢铁产量会大幅度下降吗？如果产品价格可以保持在进口产品价格点以下，而实际投入的资本依然可以产生正常收益，那么，该行业将仍然可以蓬勃发展，并向国家提供最大限度的合理服务。

因上述这种幸运的产业自主情况，一些产业掩盖了它们对保护性关税不同程度的依赖。在某些产业部门中，其效率最高的工场可以对抗国外竞争压力，而其他一些效率较低的就将被迫退出竞争领域。少数情况下，所有工场都会被挤垮，但在多数情况下，工场只存在非常大的"死亡率"，一些正在为成功而奋力拼搏的工场可能会发现自己的事业突然终止了。十分明显，这种可能性在公众看来，完全可以阻止废除对真正需要保护的商品的全部保护。对美国来说，几乎没有比反对全面取消进口关税更安全的措施。

如果成本一致、稳定，并十分确定，那么就会有一个简单的降低关税规则。将每项关税降低至恰好等于、或勉强高于美国与国外商品间的成本之差的数额，这样的做法完全合乎情理，也切实可行。准确地查清楚一家美国制造厂的老板在制造产品上必须花多少钱，同样准确地查明一家欧洲制造厂的老板在生产产品上必须花多少钱，然后，确定成品的关税大约等于两家制造厂所花资金的差额。为了支持本国生产商，所征关税可能比两者的差额略微高一些，因为即使如此，在缴纳进口关税后，欧洲制造商也能够以不会比其美国竞争对手高出多少的费用，将他们的产品投入美国市场。到这个时候，两者将几乎处于相同的位置上，谁能够最迅速地改进生产流程，并将所生产产品的经济效益与宣传和销售产品的有效性结合起来，谁就会在竞争中获得成功。公众可以从产品生产的竞争中获得利益，并将以最便宜的价格购得产品。此外，这样的关税调整还将有利于美国制造商，其原因是：如果大西洋两岸的生产成本一起下降，那么，两边的生产成本之差的差距就会变小。当美国产品的制造成本比欧洲产品略高一些时，如果以欧洲的产品制造成本，外加进口关税的价格进行销售，就会产生更大的利润空间。改革后的关税与美国制造厂的兴旺，二者完全是一致的。

刚开始时，有必要允许每一位高效率的生产商获得一定的边际利润。我们无法完全精确地查清美国与欧洲的生产成本，而且，如果关税的目的确定是为了弥补它们之间的差额，那么，关税就必须确定在比体现这种明显差额稍高一些的数字上。此外，不同工场的生产成本不一样，而且实际上，美国最经济的工场成本必定不会作为比较的标准。这样一来，效率较低的生产商可能会遭遇淘汰。如果生产商在廉价的竞争中被无可救药地打败，那么，这类生产效率低下的生产商就应该在竞争中被淘汰掉，其原因是在与美国对手进行正常的竞争中，这类生产商肯定以失败告终。为了支持一个总是以浪费形式运转的工场，而向消费者征税，这样做根本不是为了公众的利益。我们需要考虑支持的最适当的工场，是具有不断增长的成功前景、但目前尚未取得成功的工场，它们是设备良好、但尚未最有效地使用其设备或为其生产的产品赢得市场的工场。或许，这类工场的内部组织机构尚未完善，虽然它们表现出正在改进中。许多新工场都经历了一段不可避免、成本高昂的技术试验时期，而那个潜在的生产商，即我们以前曾提到过的对托拉斯公司的要求加以限制的主体，当他打算作为实际的竞争者进入这个领域中时，就会在最初阶段面临这类艰难处境。关税调整会把潜在的竞争对手考虑进去，这将有利于现行关税充足地弥补潜在竞争对手的产品差额——其效率获得充分发展时所支付成本与欧洲竞争敌手所支付成本之间的差额，以及其早期稍大的成本支出与欧洲成本标准支出之间的差额。

总的来说，对目前美国制造商成本支出超过国外制造商成本支出费用的估算，需要在一个或多或少宽松的范围内进行。在不继续保留美国目前不合理的保护性关税的情况下，一项以我们发现的情况为基础并试图以合理的方式改变它的政策，将使大量的关税不受影响，以保护目前正运转得相当经济的工场。如果托拉斯公司不存在的话，这将是一项理想的政策；如果从这些垄断公司发展壮大的角度去考虑，这项政策也可能更加理想。

当我们成功地采取一系列措施监管托拉斯公司后，在实际中实施这项政策的机会将会大得多。如果我们剥夺托拉斯公司在国内市场垄断的机会，并保证它们在国内市场进行有效的竞争，那么，托拉斯公司的产品价格可以达到合理的水平，它们也就不用担心关税会降低到类似的合理标准。较低的关税将把国外制造商排除

第三章 怎样不处理托拉斯公司

在外,他们将不再受到美国市场过高价格的诱惑,而美国制造商也将加入到要求降低对原材料和自己不生产的产品所征关税的行列中去。

在相当长的一段时间内,我们几乎没有实现任何形式的关税改革,我们发现自己有两种截然不同的改革关税的可能性。第一种是取消对制成品征收关税,保留对原材料征收的关税。这种关税改革只是一种反垄断的措施,是为了遏制大公司的垄断力量而冒着严重风险的措施。第二种是一项互惠政策,即准许以征收低税或完全不征收关税的方式进口大量的国外产品,以便为我们可输出的产品开拓国外市场。这项关税改革计划肯定会确保良性的商业扩张。那么,一般公众会赞成吗?如果我们可以在不改变关税的前提下对垄断形成遏制,那么,答案很可能是肯定的——如果美国制造的产品价格,能以长期以来一直凭借的方式,即通过国内市场竞争的方式而保持在一定范围内,互惠就可以在很大程度上得到确保。

如果一垄断公司可以对它在国内销售的商品强制实行绝对的垄断价格,那么,该垄断公司可能不会将它的出口业务放在最重要的位置上。这样的垄断公司更愿意接受减少从国外进口商品的订单,而不愿接受在国内市场以较低价格销售商品。从国内贸易高价销售中所获得的收益,可能要比任何扩大对外贸易实际规模中所获得的收益都更大。因此,托拉斯公司对降低关税的任何行为都将持反对态度,以维持国内市场的异常高价。

垄断公司要求得到它所能获得的所有保护,因为这可以使垄断公司在不用担心外国竞争对手的前提下维持其高得离谱的价格,于是美国的竞争对手被淘汰出局。如果我们可以采取与关税无关的手段，打破垄断公司的垄断力量，那么垄断力量将会做些什么呢？如果国内竞争依然存在，价格也因此恢复到了正常水平，那么，还有什么动机反对合理地降低关税吗？相反，一项健全的政策将有利于降低关税。在国内市场销售的垄断利润确定降低的情况下，国外市场随之变得更具有重要性，为我们自己的制造厂生产的大量商品争取进入国外市场的互惠政策，将会有利可图，在这种情况下，经济收益来自以正常价格进行的大宗商品销售，而不是来自以非正常价格进行的小额销售。托拉斯可以借助为自己赢得更大市场的计划而蓬勃地发展起来，而且在任何时候，只要外国竞争者做出类似的让步，托拉斯都完全可以承担对自己的产品降低关税的代价。

我们的制造商从来不希望在国内市场上与外国竞争对手相遇，但是，国家培养自己的行业，是希望它们最终能在国内市场上与外国竞争对手竞争，而且在上述有限保护的帮助下，大多数行业无疑都可以做到。这些行业可以创造发明，可以完善组织，直到可以毫无风险地与外国竞争对手交锋，一开始是在这里（国内市场），接下来甚至是在它（国外竞争对手）自己的地盘上。如此一来，这些行业必定可以在更无倾向性的地区与竞争对手相遇、进行竞争。对原材料征收较低的关税与在国内开展有效的竞争，将为美国产业的大规模扩张提供条件。

在不久的将来，有一种可能的情形将会出现，即托拉斯垄断的有利地位将被取代，其商品价格将回到正常的水平。这样一来，托拉斯不仅不会受到外国竞争对手的威胁，还将急于寻找走向外国市场的出路。托拉斯不能靠着过高的价格在美国国内市场销售商品，因为这实际上是对其所在行业中的国外部分提供了补贴，因此，所有经济制度对托拉斯都十分重要,它将欢迎关税降低,只要这些关税仅适用于原材料与制成品。如果托拉斯继续保持准垄断地位,那么,它们可能会对迈向自由贸易的每一步进展都提出质疑;但是,如果托拉斯失去了垄断地位,它们很可能利用自己的强大力量去推进自由贸易的发展。

因此,拯救竞争、使竞争免于灭绝是至关重要的,其原因是,竞争不仅为所有实践艺术的健康发展创造了条件,也为解决商业扩张问题提供了成功的关键。只要有效的竞争继续保持着活力,各种成功的发明就会接踵而至,新的自然力量将被投入利用,劳动者的收入能力也将稳步上升。垄断力量的沉重压力尤其会压在农民身上,而拯救制造业的竞争,则将意味着确保农业从竞争中获益。我们可以采用同样的办法来挽救和扩大对外贸易。

各阶层都将希望寄托于经济情况的普遍进步,而保持竞争与经济情况的普遍进步息息相关。

第四章 垄断与法律

法律制定趋于温和——保护投资者——控股公司是内部小圈子控制大公司的一种手段——过多的公司联合导致效率降低——公司经理人的目的是从营销和股票投机中获利——加强信息披露的重要性——不只是投资者需要保护——适者生存和强者生存——承运人竞争导致铁路的歧视性价格,而法律禁止赢利同盟又会消除这种动机——对铁路公司而言,更简单的做法是允许赢利同盟并规范收费——承运人和其他产业的利益共同体是偏袒待遇的进一步来源——保护水路运输不受铁路支配的问题——解决这些问题对于今后直接打击产业垄断的重要意义

在处理垄断问题时,也许人们希望在理论上大刀阔斧,而在实践中则趋于保守。但事实上,立法机构一开始就选择了一条极其激进的道路,经济理论则温和得多。现在看来,法律似乎也打算转向温和路线了。然而,制定法规与"实践"并不完全等同;实际上,法规越是严厉,执行法规的力度就会越小。成文法规对应做的事确立了一个粗略的概念,但如果法律要求的行动过于激进,有时候,反而会导致实际采取的行动接近于零。"遵循理性原则"诠释的《谢

第四章 垄断与法律

尔曼反托拉斯法》，倡导采取肯定能够实施的政策。接下来，我们将试图表明，这是一种遵循经济原则的一般进程。

人们已经能够预见到未来的政策，它将对《谢尔曼反托拉斯法》的最新规则进行非常重要的补充，但不会不加区分地打击所有大企业。因此，一旦这些政策的效力得到广泛认可，就会获得有力的支持，因为人们对抑制真正垄断的强烈要求永远都不会减退。

在制定法规的过程中，我们应顺带进行显然十分重要的工作——即改进托拉斯公司自身的组织，尤其是要保护投资者。大多数托拉斯公司都存在需要引起关注的内部弊端。托拉斯公司内部权力过于集中，而托拉斯公司真正的所有者可能成为经理人所采取政策的牺牲品。一个不应忽视的现状是，托拉斯仍是一种极不完善的事物，因此，通过完善健全托拉斯组织，我们就能有助于保护公众。托拉斯由许多股东出资组建，其中一些股东是发起人和董事，从理论上讲，其所有的活动都应该为了股东的利益。如果客观事实的确如此，那么最大的问题就在于整个托拉斯与公众之间的关系。但实际上，托拉斯的操控者与股东之间还存在着更紧迫的问题。当前，投资者有可能成为托拉斯所有受害者中最引人瞩目的一个群体，这些诚实而无辜的人受到诱骗，将他们的钱从安全的地方取出，投资在充满危险的项目上，他们的利益应该得到优先保护，因为这个群体的确非常的重要。

幸运的是，保护股东不仅不会伤害消费者，也不会伤害劳动者或原材料生产商，而是有助于保护所有这些群体。在这一点上，保护受到诱惑而投入危险资产的诚实资本与保护一般公众利益的政策，二者是完全一致的。

有一类机构是最近发展起来的不良产物,对它们可没有什么赞美之辞,也不应该有。这就是所谓的"控股公司"。它使用了绝妙的邪恶手段:首先,它把众多公司的控制权集中于一家公司;然后,再把那一家公司的控制权集中起来,掌握在真正能够控制公司资本和业务的少数所有者手中。有时候,它会将归属于大量股东的财产交给极少数人支配,而且由于在造成垄断方面的负面影响,损害了消费者的利益,并在垄断公司内部形成小寡头,从而危及诚实资本家的利益。控股公司在这些卑鄙行为上表现极致,无人可及。

不久前,立法者还对所有公司都持怀疑态度,不情愿地向它们颁发了特许状。如果他们当初预见到最终会出现这类法人机构,能够控制大量的其他法人机构和无数投资者的财富,那他们就不会同意这么快地建立股份公司。鉴于美利坚合众国缔造者对各州权利夹带嫉妒的重视,美国联邦宪法中会包含相关条款,反对任何州发起成立能够使用其他州公民的资金进行鲁莽投资的公司。事实上,一些州已经制作了这类公司特许状,这几乎相当于一种私掠许可证,授权对其他州进行类似海盗的掠夺行为。联邦宪法为各州间关税战设置了障碍,而原则上,一些控股公司比各州之间的关税战更有悖于联邦宪法精神。

控股公司和整个国家的关系就像公司发起人及董事同投资者的关系一样,都会令人感觉不快,这就促成了同样决定性的动机,希望在不会过度干扰业务的情况下尽早终止这段关系。最简单的方法莫过于:对所有竞争公司采取统一控制,然后剥夺绝大多数投资者对公司的控制权。具体的方法是,首先要使原始公司及其子公司的资本膨胀,直到大部分普通股变为掺水股,然后成立一家新公司收购大部分掺水股,这就大功告成了。这些掺水股的真正成本是多少呢?这将决定股份公司需要的资金数额。但资金可以通过浮息债券而得到保障,如果这样,持微弱多数普通股的股东将获得原始公司全部财产的控制权。关于专为设立控股公司而制定的法律,可以借用一位英国绅士抱怨餐桌上烤牛肉的话来描述:"简直糟糕得不能更糟,从购买小牛犊时就没做好,饲养也很差,屠宰方式也不对,烹饪很马虎,配菜也很粗劣!"在反对控股公司上没什么可争论的,只需指出一点就够了,即如果法律规定控股公司所拥有的原有产业公司股份没有表决权,那么,成立此类控股公司的动机就会消失。如果在计算投票时,将控股公司持有的全部股份仅算为一票,那么,这无疑就足以立即达到目的。在这种情况下,控股公司可能很容易就被其他股东的多数票否决。托拉斯整体监管政策所带来的宪法问题不在本书讨论范围,然而,在向从事州际贸易的公司颁发联邦特许状或联邦许可证之前,可以采用类似于本书建议的某些规则。

由于合并后的控股公司规模巨大,所控制的机构庞杂,它们还有另外一个弱点。与规模保持在可控范围内的公司相比,过度扩张的托拉斯公司效率较低。早期的观点认为,大多数托拉斯都过于庞大,最终会因管理不善而一败涂地。尽管这种看法现在已不复存在,但高效的独立生产商往往会在管理上优于托拉斯——这或许是真的。大公司就像俄罗斯故事中所讲述的狼一样。这个故事讲述的是:一群狼在追击乘坐雪橇的几个人。狼群中一共有40匹狼,当它们被其追赶的雪橇上的人每次一一射杀时,死去的同伴很快就会被其他狼分食掉,直到这群狼最后只剩下一匹。这个幸存者差不多已经分食了39个同伴。此时已没有必要再向它开枪,因为它已经步履蹒跚,再也无法追赶雪橇上的人。常言道,如果托拉斯已"吞食"了39个竞争对手,那它就不可能处于最健康的状态,除非它拥有无比强大的消化吸收能力。托拉斯控制的工厂质量参差不齐,其中既有技术设施先进、地理位置优越的,也有设备陈旧不堪、位置不利的厂家。它的管理水平通常较差,不仅比不过一家高效的独立公司,甚至还不如它兼并的那些公司。

无论在运营经验还是利害关系方面,托拉斯的发起人通常都不是优秀的经理人。当托拉斯的发起人完成合并、拿到报酬和他那部分股票,并在市场上成功获利后,他的目的就达到了。即使他有管理托拉斯的意愿,他可能也并不具备相应的管理能力;但如果他拥有管理好托拉斯的能力,他肯定不愿意涉足此事。在建立联合体后,他更倾向于让它主要靠自己的力量来发展。他手握便利条件,能够操纵所控制公司的股票价值,还可以利用证券交易所的机制套现利润。当生产和销售商品不赚钱时,他还可以从股市上"榨取"利润。同样,如果公司的董事们厚颜无耻、道德败坏,不惜毁掉公司,他们从股市上捞到的钱有时远胜任何其他方式。但投资者就非常不幸,不仅是某一家公司的投资者,其他公司的股东也不能幸免,因为通过不当手段迅速获取利润的坏榜样,非常具有传染性。

托拉斯股东最需要的是投资的安全性。他希望公司的盈利方式是:生产商品,然后以高于成本的价格出售商品,从而赚取差价。公众也需要有效的生产,当托拉斯赚钱时,公众希望看到利润流向股东,而不是托拉斯公司的经理人牺牲股东利益,而为自己谋利,其原因是股东能够获得的利润,可能来自对公众有益无害的事情

(如公司产品技术领先，或使用了高效的生产设备）。在托拉斯公司合法取得利润与公司董事通过投机行为操纵公司而获益，二者之间存在着一条明显的界线。

既然有这么多人要求健全公司的管理，而没有任何人公开反对这么做，那么，为了得到所承诺的期望结果，制定什么法律应该是没有任何问题的。此外，还有一项措施肯定会对实现这个目标起到推动作用，那就是对信息的披露。托拉斯必须经受得住对其内部事务的披露。公众必须知道他们投资了哪些工厂，他们为这些工厂付出了什么，工厂当前市值是多少，它们在多大程度上能被复制，拥有哪些设施，这些设施是陈旧的还是现代化的，简而言之，公司的市场流通股票与债券的事实性基础是什么？目前，即使是这些信息也无法获得，托拉斯的投资者不得不尽其所能地猜测，自己所拥有的资产到底是什么样的？这样的猜测非常容易变为投资者的噩梦。披露上述商业信息不仅能消除掺水股的弊病，还能有效遏制操纵股票价格。如果投资者得知，价格为5美元的股票和债券对应的基础资产只值1美元，他也许就会以低于面值的价格购买证券，以确保自己的投资安全。在任何情况下，如果投资者最后决定投资这些证券，他肯定会密切关注公司的基本事实。在这方面，信息披露是投资成功的关键。

不过，当投资者得到保护，或至少有条件保护自己时，对托拉斯的监管就将面临更严峻的困难。尽管股东可能为了所有权而支付高昂代价，但垄断行业最令人担心的，主要还不是对股东造成伤害，而是它们可能对广大消费者、农民和劳动者的危害。消费者受到物价上涨的威胁，没有获得托拉斯补贴的所有劳动者都将面临工资减少的危险，而广大的农业群体，他们从出售制造业原材料上所获得的收入有可能会下降。托拉斯也许会向自己的工厂雇员支付丰厚的薪酬，但它会关闭一些制造厂，让一部分雇员被迫从事其他职业。托拉斯还可能迫使农民在有限的和不利的市场条件下出售产品。准确地说，有四个群体在遏制垄断方面具有共同利益，即独立生产商、消费者、农民和未得到保护的劳动者，而保护其中的第一个群体就相当于保护所有这四个群体。如果托拉斯没有挤垮和它竞争的生产商，那么，消费者、劳动者和农民的境况就会好得多。

此外，由于劳动者和农民同时也是消费者，他们因此将获得双重收益。二者都有东西要卖，也有东西要买；如果独立生产能够自由进行，并且在需要时可以进一步加大自由度，那么，工人和农民在买和卖的过程中就能获得更优惠的条件。当这一点成为现实时，农民将不再被迫接受必须低价出售原材料，那些不属于托拉斯阵营的劳动者也不再因工资减少而与其他人一起蒙受损失。没有人再为生活必需品和享受舒适而支付被人为抬高的价格。所有这些愿景都有可能实现。随着合并企业逐渐失去它们目前所拥有的垄断力量，为实现这些目标而采取的举措也将相应地推出。

要解决垄断造成的严重问题，关键就是上面提到的一个事实——独立生产商是其他所有利益受到威胁的群体的天然保护者。只要托拉斯不能挤垮独立生产商，它们就无法加重消费者的负担，榨取农民的利益，或压低劳动者的一般薪酬率。只要竞争保持活力与高效，商品就能以正常价格生产，对生产做出贡献的所有人都将获得正常的回报。

但保持竞争活力并不容易。现实表明，大公司总有办法用棍

第四章 垄断与法律

棒对付那些有胆同它一起进入竞技场较量的竞争对手。这不是凭借人们熟知的传统方法，比如降低成本或用低价竞标低效率生产商来实现的。这是长期形成的传统秩序的一部分。经济有机体之所以会有效率，正是因为有能力的生产商得以幸存，而其他生产商则消亡了。的确，这个过程会产生极度的痛苦。任何一位雇主（生产商），如果不能凭借劳动和资本建立起可与竞争对手抗衡的生产规模，就将面临无情的被淘汰命运。这个现实令人震惊，但对整个社会来说，淘汰失败的生产商是有益的。生产力无限的增长和经济生活水平不断增高的希望，就在于这种生存法则持续地发挥作用，只有最优秀的生产商才能胜出而留下来。

然而，目前的情况正好相反。竞争的生产商遭到打击，公众利益受到威胁。这是因为，不再只有效率低下的生产商才面临被击垮的危险。在很多时候，无法继续生存下去的并非是不适应市场的、而恰恰是那些完全适应市场的生产商。正如我们所述，威胁并摧毁他们的竞争力量不是生产的经济效益，而是建立在庞大规模之上特殊的不公平力量。真正高效的生产商，即那些生产商品的成本比托拉斯更低的竞争者，现在正处于危险之中。必须不惜任何代价让这些生产商继续留在竞争市场中。作为公众，我们必须用法律保护他们，因为他们可以用经济力量保护我们。

现在，美国已经采取正确的行动，认为在保护我们的守护者——有能力的独立生产商时，首先要做的，就是确保独立生产商得到铁路公司的公正待遇。如果托拉斯享有其竞争对手——独立生产商无法获得的铁路运输回扣，托拉斯就可以任意摆布它的竞争对手。在这样的情况下，托拉斯就可能在竞争中挤垮它的竞争对手，即使这些独立生产商的生产成本比任何其他美国生产商都更低。另一方面，铁路公司之所以在利益的诱惑下实施运费区别，也正是由于法律禁止它们组成垄断赢利同盟。如果多家铁路公司属于同一个垄断赢利同盟组织，它们就没有必要千方百计地去抢夺其他成员的托运大客户。

近期的发展似乎表明，保持运输业公共承运人之间的竞争的尝试，已朝着消灭制造商之间的竞争方向走得很远了。铁路公司互相竞争，争夺大型生产商的货运业务，暗中给大生产商回扣，而大生产商的竞争对手——小生产商纷纷破产，很多生产部门逐渐地形成垄断，这就是我们所目睹的一系列现象。而与此对应的另一种景象是：允许铁路公司在一定限度内组成垄断赢利同盟，对价格进行管制，为小生产商创造公平的竞争市场。后一种情景已经部分成为现实，我们必须更彻底地在这条道路上向前发展，否则就会被迫走上一条更冒险的道路，即将铁路运输业交给政府运营。

公共承运人是一种特殊职业，因此，我们应该以不同寻常的方式对待他们。公共承运人处在战略地位，我们不能放任他长期在经济领域余下的空间中以引起垄断的形式被利用。尽管铁路运输业中存在的问题远非本文所能解决的，但我们相信，在可以预见的未来，解决运输业的问题将通过政府的监管措施，而不是把运输业的所有权交给政府。

那么现有的监管体系在哪些方面未能完全发挥作用呢？一个最明显和最普遍公认的缺陷是禁止垄断赢利同盟的规定，它能够持续存在，显然是考虑了公众反对一切形式垄断的强烈诉求。尽管这种情绪是合理的，但在铁路运输的例子中却被误导了，因为一个早

第四章 垄断与法律

已为人所知的事实是,铁路承运人之间的竞争会促使他们实行运费的价格歧视,从而导致托运人的垄断。无论仍然存在的竞争是什么样的,无论铁路运输公司为了从竞争对手那里挖客户而做出何种努力,这些都会使铁路运输公司有充分的动力,主动向托运人暗中提供足够多的、或相当精明的回扣,以应对托运人将业务转给他们的竞争对手的威胁。在目前严厉的处罚措施下,形式简单的回扣似乎大多都消失了。但一个不可否认的事实是:如果允许铁路运输公司自愿结束竞争,那么,它们从违规行为中获取的利润就会随之减少,各种微妙的规避行为也不会那么普遍,而这正是所有问题的根源和动机。在过去,当铁路运输公司能够在竞争激烈的路线上建立垄断赢利同盟公司时,运输公司给客户回扣毫无用处,因此严厉的法律处罚也是多此一举。

如果我们打算通过垄断赢利同盟方式促使竞争自行结束,那么,我们就应当保护公众免受全面的价格(可能)过高的侵害。事实上,现在我们也能看到这种情况的初期迹象,但铁路运输垄断赢利同盟可能会让问题更迅速地暴露出来。正如我们在最近关于美国中北部地区铁路公司联合涨价的法律诉讼中所见,这个问题将清楚地得到说明。制定和实施公平费率可能需要做出极大的努力,但上述第一次交锋的结果似乎也表明,政府拥有足够大的权力,但它不愿意在行使权力时过于专横。政府在监管价格总体水平时,一个主要的危险在于将收益严格限定在投资额的某个固定比例上,这样做将打击提高效率的积极性,而提高效率则有可能让运营商和公众获得双赢。令人欣慰的是,我们的政府官员似乎正在努力避开这种依赖于经验法则的陷阱,他们认识到,归根到底,"在核算诚信和尽责管理下，合理的回报能够吸引发展铁路设施所需要的投资者的资金"①。

尽管以上所述也存在着一些问题，但与强制相互竞争的铁路运输公司对所有托运人都一视同仁相比，这一理论的任务就更简单一些。法律更容易做到保护所有公众免受统一高价的侵害，而不是通过禁止铁路运输公司向大客户提供特殊优惠，去保护大客户的小规模竞争对手。

然而，承运人之间的竞争并不是运输公司对托运人实行区别价格的唯一原因。另一个越来越引起注意的现象，是承运人与自己的客户之间存在的竞争关系。在这种情况下，承运人在为自己谋取某种形式的不公平优势方面，必然会有强烈动机。例如，一条拥有矿井的运煤线路在煤炭市场与独立煤矿进行竞争；一家钢铁厂拥有铁矿石运输线路，而竞争的钢铁厂也要通过这条线路输送铁矿石；一条输油管道属于一家炼油厂，同时其他炼油厂也依赖这条管道运油；一个大型食品包装厂拥有一条私营的汽运线路。如果希望在这些例子中的所有人都能像公共承运人一样恪守职责，这就是对人性提出了过高的要求。因为其中获得微妙优势的机会实在太多，诱惑也非常大。

如果道路拥堵，有的车辆会受到延迟，那么谁会首先受到影响呢？如果车辆稀缺，谁又会第一批分配到车辆呢？如果某条输油管道不愿成为所有生产商的公共承运人，那么我们的法规和相关委员

---

① Report of Raiilroad Securities Commission, 62nd Congress, 2nd session, House Document No. 256 p. 34.

第四章 垄断与法律

会能否有足够的权限强制它向所有人提供真正平等的服务呢？在制定费率时，如果对一个承运人的需求同时来自自家公司（作为托运人）和独立生产商，那么，承运人是否会把自家公司需要支付的费率定得足够低，就好像只在乎发展自己的运输业务？如果凭借将钱从一个口袋转移到另一个口袋的简单手段，承运人就能从独立生产商的货物运输中获得不合理的利润，不这么做是否符合人性呢？也许费率还没有高到可以被相关委员会或法院判定为不合理的程度，但事实上，这对不幸的竞争者而言存在实质性的区别影响。

尽管1906年的《赫伯恩法》（Hepburn Act）对"商品条款"进行了广泛解释，开始了一些尝试，然而，这仍然是我们的法规尚未解决的一个问题。《赫伯恩法》试图阻止铁路公司在运输"其可能拥有直接或间接利益"的商品时，与独立生产商进行竞争。然而，根据该法的司法解释，铁路公司可以持有煤炭、木材或其他商品公司的股票。显然，只要它们能够避免两家公司拥有共同的董事成员，或者让法院认定公司独立运营只是一个骗局的其他特征，就仍可继续持有绝大多数此类股票。在这样的解释下，该法案迄今未能实现其制定者的初衷。要想完全实现法案的目标，就必须禁止大量持有此类外部公司的股票，而包括联邦巡回法院在内的多数人都以为，1906年的法律禁止了此类持股。但这项禁令可能被认为违宪——事实上，巡回法院已经做出这样的判定——在这种情况下，必须寻找其他方法来实现这一目标。最高法院让我们停下来重新思考，寻求新的方法，但与此同时，我们仍然面临着同样的问题。目前尚不清楚是否有其他方法可以有效地消除运营商与某些客户的利益共同体，与仅限于运营商之间的竞争相比，这些利益共同体为不公待遇提供了更隐蔽的动机。

仅凭着反歧视的法规，我们很难对这类价格歧视进行防范，因为它可以在不使用回扣这类粗暴方法、或者避免对同一地点接受相同服务的人收取不同费用的方式下得以实现。我们十分容易界定"个人歧视"并制止它；但是，如果从不同站点发货，特别是如果使用略有差异的运输路线，就可以在更高明的幌子下达到同样目的。由于需要考虑交通和运营的不同条件，地区差异的存在是合理的，但是，这种差异可能会掩盖大量不当的个人利益，而这些差异的程度又没有明显到足以向相关委员会或法庭证明其真正动机和影响。1905年的公司委员会报告披露了石油产品运输的状况，最有力地向那些最没有偏见的人说明了上述事实。制造商和承运人之间的利益联盟问题仍未得到解决。

铁路和水路运输之间的关系问题同样没有得到解决。与铁路运输业不同的是，水运存在自然竞争市场，因为公海及所有通航水域对任何人都免费。但是，如果不使用码头，所谓的自由开放都只是一句空话。而且所有人都知道，码头所有者不需要设法获得海洋所有权，这就好比在干旱国家，拥有水的人大可不必去关心土地属于谁。此外，轮船公司必须得到"喂食"，因为它们必须从铁路获取大部分运输业务。如果铁路公司选择只"喂食"自己的孩子，就会导致很多独立的船务公司陷入艰难的处境。这样带来结果是，铁路运输对水运的控制达到了引起公众强烈反对的严重程度。有人建议，至少为了巴拿马运河航线免遭垄断，这条水运航线就应该向为铁路公司利益而运营的船只收取更高的通行费。

尽管上述建议的报复性做法可能不是最适合的方式，但只要有可能，我们就应该保护水运市场的竞争。水运竞争并没有像铁路竞争那样导致价格歧视的趋势。事实上，船务公司可能受到的主要价格歧视，是由承运人与外部企业建立了利益共同体所造成。而这种偏待是垄断的结果，船务公司之间的竞争不仅不会加剧垄断，反而是防止垄断的最好方法。

问题的关键在于，无论独立船务公司的所有权归属于谁，都应尽可能地确保它们能够在完全平等的条件下，保持与天然形成的铁路客户之间的对接。我们在这方面的进展似乎十分迅速，因为我们出台了相关法律，要求在合理的运输需求下提供联运服务①，并授权州际商业委员会制定直达的运输路线和费率，尽管船务公司也是联程运输的经营者。②

然而，根据《赫伯恩法》，如果直达运输路线的长度远远少于铁路公司拥有的铁路路段，或在其控制下的中间铁路路段的总长度，那么，则不得强制将该铁路公司的路段纳入联运路线。如果铁路公司旗下船务公司的航线被视为铁路运输本身的延伸，那么，这项规定就无法在支持水运市场竞争方面发挥作用，因为铁路公司可以拒绝把自家船务公司的货物交给竞争对手，这样一来，铁路公司就可以继续将陆上的"自然垄断"延伸至水上。此外，仅仅制定了联合费率并不能保证公平，除非确保在分配双方的费率时，船务公司能够获得公平的份额。划分联合费率是一个非常复杂的问题，赢利同盟中的每家公司应该得到的具体金额，而外部的仲裁人员很难完美

---

① Act of 1906.
② Act of 1910.

无误地做出确定，

然而，如果强制铁路公司延长支线轨道，不要任何花招，公平、公正地与其他经营者共同制定和分配联运费率，而且确保所有人都可以平等地获得码头设施服务，那么，主要障碍就能被消除，而铁路公司旗下船务公司的生死，将取决于其服务是否高效和费率是否低廉。随后，我们将会发现，如果可以提供公平竞争的环境，消除市场上的偏袒待遇，也就不需要通过实施差异化的运河通行费、或通过其他类似的高成本机制补贴独立承运人了。

然而，对于解决诸多运输问题时应遵循的具体方法，任何人都无法贸然做出推断或预测。可以肯定的是，对不同托运人给予不平等待遇是一种巨大恶行，这必须而且也将会被制止。在这之后，我们将看到，更多重要的工作正要开始。托拉斯手中仍掌握着许多可以摧毁其竞争对手的武器。要解除所有这些武器可能并不容易。虽然解决铁路的问题已经十分难了，但解决其他垄断问题的难度可能还要大。不过，近期发生的一些事件表明，如果我们可以热情地和智慧地使用这种垄断权力，那么，它会完全在人民掌控力量的范围之内。

第五章 垄断与法律——破坏性竞争

遏制局部区域降价和"独家采购协议"的必要性——这些构成"贸易限制"——现行法律在防范这些手段上的缺陷——直接打击这些行为的其他法律,其中包括美国一些州的法律——只在掠夺性意图表现出来时才加以禁止的法律与绝对、全面的禁令——后一种做法还有助于保护大型竞争者间的包容性竞争——不会造成地方性类似垄断的现象——制度的可能改进——铁路收费可以相应调整——新方法的优势和当前方法的浪费——必须以灵活条款应对不公平竞争的更多形式——垄断特征的表现形式不仅是规模,也包括不公平竞争

正如我们所看到的,凭借一些现在几乎人尽皆知的方法,托拉斯可以打垮效率更高的竞争对手即那些生产成本更低,通常更应该存活下去的竞争对手。托拉斯可能利用排他性"独家采购协议",向那些只销售自己生产商品的商家提供特别回扣率。托拉斯还可能采取常见的局部区域降价策略——进入其竞争对手的地盘,以低于生产成本的价格在当地销售商品,但在自己的其他区域则实施高价销售,以维持托拉斯的整体经营。此外,为了摧毁竞争中的生产商,托拉斯还可能在竞争对手生产的商品种类上压低商品价格,而

在竞争对手不生产的其他商品种类上，则以制定商品高价保证其生存。仅凭前述三种方法，托拉斯就足以陷竞争对手于危境之中，而这些方法也是垄断策略的重要特征，如果我们能对这些方法加以制止，那么，就能极大地鼓励竞争，保护公众，确保公众获得来源于生产经济效益的大份额收益。同时，独立制造厂也将持续不断地涌现，并配备高效的生产设施，托拉斯在这样的情形下，则不得不时刻地保持警惕，避免落后于竞争对手。这将是不可想象的情形，在这样的情形下，消费者和劳动者的当前利益和未来利益都将得到充分保障，公司可以不受阻碍地扩大其生产规模；但为了应对当前的或潜在的竞争对手的压力，公司也必须不断降低其产品的价格。

不难看出，要对独立竞争者进行保护需要什么样的条件。在为生存而进行的公平竞争中，效率高的厂家可以保护自己，一切都取决于生产的经济效益，这就保证了独立竞争者的命运完全由竞争本身所决定。然而，一旦高效生产不再为这些厂家提供保护时，政府就应该出手进行干预。如果想要实现最初设立政府时的目标（即保护财产），政府就必须制止那些看似精致的抢劫行为。

因此，必须设法遏制排他性独家采购协议、局部区域降价和非法打乱价格秩序的行为。如果法规可以自动执行，那么，阻止前述这些行为就十分容易，这些不公平行为可以得到法律的界定和禁止。然而，很少有其他法规在制定和执行过程中会遇到比反垄断法更多的反对。实际上，禁止排他性独家采购协议是要求托拉斯向任何付款的客户出售货物；而这样的法令必然得不到欢迎，因此，即使颁布了，可能也会成为一纸空文。同样，只是禁止某些区域价格歧视，这可能也不会带来什么收效。

第五章 垄断与法律——破坏性竞争

如果一家"联合体"使用上述两种手段，成功地打压了竞争，这种行为在目前是非法的，因为这会产生"不合理的贸易限制"。但没人能确保在任何地方都不存在这些做法。

目前的情况有两个弱点。首先，法院还没有时间去形成一系列裁决，明确什么样的竞争做法会被认定为不合理，以及如何厘清界线。司法判例发展缓慢，不同裁决之间相互矛盾，尽管20、30年前就已经出现这类做法（事实上，有的州在20年前就制定了针对掠夺性地降低价格行为的成文法规），但在这方面，我们还远未形成统一、完整的理论体系。

其次，这些行为本身并不触犯法律，除非涉及垄断联合体。只有在认定托拉斯已经取得垄断地位时，才会触及《谢尔曼反托拉斯法》。然后就会开始调查托拉斯的历史，如果查出它向竞争对手发起了"残酷战争"而不是合法竞争，那么，这一事实就可作为促使对托拉斯进行谴责更有力的辅助证据。但这对托拉斯的竞争对手来说通常为时已晚，因为托拉斯早已踩着它们的"尸体"获得了恶劣的显赫地位。此类事件经常拿来与哲学无政府主义者费雷尔的案例相提并论。最近，西班牙当局在对费雷尔的案卷进行重新审理后，宣布其无罪。费雷尔显然有权获得赔偿，只可惜他在2年前就已经去世了，否则，他毫无疑问已经拿到了这笔赔偿。同样地，能够存活得足够久，一直等到最高法院判美国烟草公司有罪，从而获得该公司赔偿的独立生产商，是无比幸运的独立生产商。

在这种情况下，我们需要把那些打击竞争的行为本身，认定是非法的行为，无论其是否已经发展到导致垄断的程度。这样就能杜绝托拉斯再做同样的尝试。关于局部区域降价的策略，澳大利亚和

新西兰已立法，保护本国产业免受外国生产商倾销政策的冲击，而
101 美国也有 15 个州制定了此类法规，旨在遏制与公平竞争相悖的掠
夺性降价行为。在这 15 个州中，有的州将矛头指向价格歧视，有
的禁止过度降低价格，还有的将这两种做法都认定为非法行为。其
中 12 个州①禁止为破坏竞争而在不同地区实施价格歧视，1 个州②
严禁煤炭和焦炭商人采用普遍价格歧视。还有 1 个州，即北达科他
州，在反价格歧视原则基础上进行合理推演，要求卖方必须向有购
买意愿且遵守合理法规的任何人出售商品。田纳西州甚至禁止为
排挤竞争对手而以低于制造成本的价格出售商品，爱达荷州也严禁
为了同样目的而以低于公平市场或常规价值的价格出售任何商品。
有 3 个州③既禁止区域价格歧视，又禁止为打击竞争对手而将价格
降低到成本或公平价格之下。

102　　最后这几个州的法律似乎很难执行，因为这些条款实际上相当
于规定了最低限价。这可以用一个事实来解释：仅在一个州颁布法
律禁止价格歧视，无法阻止托拉斯在该州按规定的最低价销售，而
在其他州继续实施高价销售，原因是该州对其他州没有控制权。但
联邦法律就不会遇到这类难题，并且无须采取价格监管就可以获得
希望的结果。

　　这些州法规中值得注意的一点是，考虑到运输成本的差异，没
有任何州完全禁止所有的价格歧视，并强制所有货物必须按同一价

---

① 阿肯色州、艾奥瓦州、堪萨斯州、明尼苏达州、密西西比州、密苏里州、内布拉
斯加州、北卡罗来纳州、北达科他州、俄克拉荷马、南达科他州和怀俄明州。
② 马萨诸塞州。
③ 密西西比州、内布拉斯加州和北卡罗来纳州。

第五章 垄断与法律——破坏性竞争

格出售。最终,违法行为的认定将取决于是否具有破坏竞争的目的。因此,这一类案件中最困难的任务由法院承担,即判断是否存在恶意。

尽管"所有犯罪行为的关键都在于其意图"这句话可能没错,但无论促使犯罪的情绪和动机是什么,这类行为能够被禁止显然总会带来好处。而在这种情况下,被视作犯罪认定标准的意图本身,从某种意义上看,本身是完全合法的。抢走竞争对手的业务,如果有可能的话,甚至希望把对手的所有生意全部抢过来,这是正常的想法,只要通过公平的手段去实现,就有益于社会。即使我们对不幸的人有多么同情,也不能承担责任,去保护那些在公平竞争中无法留住客户的商家,这种竞争的公平性就在于最优秀的人将成为赢家。无论一个社会多么希望拯救被征服的人,效率的胜利也是它所不能缺少的。因此,在这种情况下,使判断的天平从"批准"向"宣告有罪"倾斜的终究是使用手段,而不是意图和目的。如果某种竞争手段导致的自然结果是,企业能否生存取决于其产业效率之外的其他一些因素,那么,这实际上就是"不公平竞争"。

在此,我们必须提一下无条件禁止价格歧视的另一个原因,尽管这在后面的章节中还会得到更充分的阐述。即使价格歧视并没有被想成为垄断者的企业用来打击弱小的竞争对手,而是发生在旗鼓相当的竞争对手之间,这种做法也可能会导致恶性的竞争,使得销售价格低于生产成本,最后不得不组成联合体,以摆脱困境。在这种情况下,可能不存在任何掠夺性目的,也不会触犯普通的法律。然而,防止势均力敌的生产商之间的恶性竞争,与保护处境艰难的弱小竞争者免遭无情地打击,这两方面处于同等重要的地位。对创造健康的市场条件，并使竞争制度获得新的活力来说，前述两方面都十分致命。

如果像霍布斯推测的那样，"自然状态就是战争状态"，那么即使是专制主义也可能是可取的；如果相信产业战争是现代竞争的自然结果，那么，我们就有可能认同垄断与价格垄断都是迫于必要，正如霍布斯信任君主专制一样。如果想要避免这种激进的尝试，我们就必须竭尽全力完成一项具有建设意义的任务，让竞争变得更具包容性，而单一价格原则可能会在其中发挥主导作用。

而之所以如此的原因是，如果我们建议禁止一切价格歧视，那么只有一种制度能够做到这一点，那就是无论买方是谁，每种商品的价格都是相同的。报价必须在工厂报出，由买方负担运费，否则距离远的市场就会享有不当优惠。但可以有一些例外情况。对于重量轻、价值高的商品，运费在最终价格中占比很小，可以忽略不计。这一制度还应当允许批发价格低于零售价格，同时可以向"同业"和支付现金的客户提供回扣，只要回扣的规则统一，而且像铁路运输费率一样对外公布，所有人都能平等地获得相关信息和适用。但原则上，对同一商品的所有销售一律收取相同出厂价格的原则，必然会为新的"残酷竞争"提供基础。

对上述持反对意见的反对者认为，如果严格地执行上述规定，就意味着每个生产商都将完全占有距离他最近的市场，活跃竞争只会出现在不同市场的交界区域，我们将失去现代商业最重要的一个特征，即所有大型生产商可以在广阔区域内进行公平的竞争。如果两家制造厂处于相互竞争中，那么，他们之间将有且仅有一个地点，客户在这里购买两家中任何一家生产的商品，所支付的价格加上运

第五章 垄断与法律——破坏性竞争

费是一样的。如果我们从这个经济意义上的中点出发,这个点往任何一家制造厂的方向移动,这家制造厂的运费就会减少,而另一家的运费则会相应增加,之前的平衡将被打破(见图5-1)。①

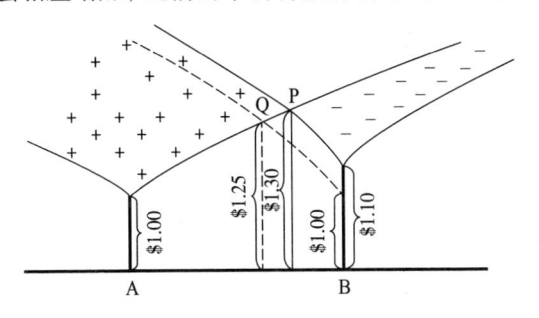

图5-1 单一价格原则示意图

但是,以上这种反对理由并不像乍看起来的那样强烈。首先,它所影响的只是那些价值与其重量成正比的商品,因为运费在最终价格中占了比较高的份额。而且,即使是在这种情况下,也不一定必然会出现严格分割的市场。赢得顾客要凭借的是信得过的商品质量,而非仅仅依赖于商品的低价,因此,相对而言,很少有商品的分级和标准化程度,可以绝对到几十英里的运输费用就或多或少地成为决定性的因素。如果确信自己订购的丝线或服装质量明显

---

① 在图5-1中,垂直的两条粗实线分别代表位于A地点和B地点的两家制造厂的价格,斜线表示在周边市场销售商品时由于加上运费成本而引起的总价变化。显然,如果运费与距离成正比,那么只有一个点,即P点才能得到完全均衡。在除P点以外的地区,制造厂A的价格要么处于优势("+"号覆盖的地区),要么处于劣势("-"号覆盖的地区)。如果制造厂B降价,它只是将均衡点移动到了Q(用虚线表示)。这种观点认为,其结果可能导致在若干区域形成某种程度的地方垄断,而不是形成一个任何消费者都可以选择的几个生产商在平等竞争的条件下提供他们的产品的区域。

优于竞争品牌,能够销售得更迅速,那么,哪个零售商又会为100磅重的货物多付几分钱运费而犹豫不决呢?

对大多数工业制成品而言,从制造厂到经销商的运费在最终的产品价格中所占比例微不足道。有关这一问题,L. G. 麦克弗森先生进行了透彻地研究[①]:"匹兹堡地区生产的一把斧头,在圣路易斯的零售价为1美元,其中包含付铁路运费1.25美分;同样的,一把斧头在堪萨斯城销售,价格中包含的运费超过4美分;到了丹佛,斧头零售价为1.30美元,运费涨到14美分。在圣路易斯,一把挂锁的零售价为50美分,其中铁路运费是0.5美分多一点;在堪萨斯城,运费为1美分;在丹佛,零售价涨到75美分,其中包含铁路运费2美分……一个200磅重的火炉在圣路易斯的零售价是18美元,如果用货车运至堪萨斯城或奥马哈,运费为44美分,当地零售价22美元;到丹佛的运费为1.48美元,当地零售价25美元;到西雅图运费2.50美元,当地零售价30美元。如果圣路易斯的一位家庭主妇购买一打晒衣夹,她支付的货款中包含0.0005美分的铁路运费。如果她以50美分的价格购买一块搓板,她支付的铁路运费为0.42美分。如果在丹佛,她买搓板要花60美分,其中2美分是铁路运费。"

在这种情况下,只要有客户坚信某家制造厂的商品质量更胜一筹,因此宁愿用略高的价格购买这家制造厂的商品,也不想接受替代品,那么,在这种情况下,即使商品的运费负担有所增加,这家制造厂也能在其竞争厂家的眼皮底下将商品销售出去。在销售

---

① "Railroad Freight Rates," N. Y., 1909, p. 51.

这类商品时，不会有非常明显的地域划分，但可以预期，竞争会像现在这样继续存在，只是过度竞争出现的风险较小。当然，如果商品重量十分大，或相对重量而言体积很大，运费对商品的售价影响就会非常显著。还有一些商品，由于质量高度透明化和标准化，竞争就主要集中在价格上，这时铁路运费的微小差异可能就成为决定因素。

为了在上述情形下让广泛竞争成为可能，可以放宽工厂货物出厂交货时单一价格的规则，允许生产商将其销售市场划分为多个区域，对同一区域内的所有客户适用同一价格。市场划分应基于运输成本，每个客户支付的金额中除商品本身的统一价格外，还包括一笔足以支付所在区域平均运输成本的运费。从多方面看，这个规则都比在不同地区实行工厂货物出厂交货时单一价格更简单。在每个区域内，所有顾客购买的商品价格都是一样的；而不同区域之间的价格差额基本上可以弥补地区运输成本的差异。这样的规则不会对任何人进行合法的竞争形成妨碍。对于重量轻但价值高的商品，运输费用对总价影响不大，可以将全国市场划为几个大区域。在一些极端例子中，一个区域可以覆盖整个市场，而运输成本的差异可以忽略不计，这一点之前已经建议过了。

在管理这个计划时，有必要设立一个执行委员会。如果存在这样的一个委员会，具体细节问题可以由它凭经验做出判断。可以让生产商自由选择他们想实施的体系，只需要向委员会备案所有商品的价格以及划分区域的边界。倘若有理由怀疑，生产商采用了不公平的商业区域划分，或没有执行备案中的商品价格，或以任何其他方式利用该计划作为幌子，实施价格歧视行为，在这样的情形下，执行委员会可以随时调取备案记录,对这样的生产商进行核查。这与州际商业委员会的情况十分相似,而州际商业委员会的经验对于新体系的细节设计,将具有不可估量的价值。事实上,这看起来一点也不像新机制,因为它与我们现在控制铁路的方式十分相近。

111　　另外,参考铁路公司制定运费的做法,也可以让新计划的运行更顺利。任何实施了分区运费率体系的地区,以及任何所有站点从生产中心或从其他地区发货都适用单一价格的地区,竞争者就有可能在前述地区的所有范围内处于竞争均势,尽管前述两种情况都需要设定单一出厂价,并要求客户承担运费。这种单一价格的做法十分普遍,基于"共通点"而形成的区域遍布美国全境。得克萨斯州的大部分地区形成一个区域,收取相同的长途运费;新英格兰地区的大部分长途运输也受到同样的对待;在由东向西横贯北美大陆的运输中,芝加哥以东的整个地区可以视为一个区域。也就是说,如果密西西比州东部两家制造商具有相同出厂价格,他们就能在太平洋沿岸的任何地点公平地进行销售竞争。如果两家生产商(无论厂址在何处)都能采取单一价格,这使得两家生产商在得克萨斯州同一价格区域内的某地点展开市场竞争,那么,他们就可以在这个区域的每一个地点互相竞争,因为一个区域内所有地点的长途运输费都相同。

112　　随着制造商制定单一价格规则,铁路部门会感到更多压力,促使它们将"分区运费率"原则扩展到更远的地区,目的是帮助其路线上的生产商扩大市场,同时这也有助于扩大公平竞争的区域。当两家制造厂在共同区域抢夺市场时,为扩大销量,每家制造厂都会尽最大努力确保与铁路部门的合作,而这样做对铁路部门和承运人

第五章 垄断与法律——破坏性竞争

双方都有利。有些铁路公司会采取积极主动的措施，将长途运输费率降得比短途低一些，因为如果没有这些优惠，生产商就无法将商品销售到更远的市场。不过，达到同样结果的另外一个更合理的方法是，让铁路线路（双向）的分区运费率覆盖范围广阔的区域，区域内任何地点均适用单一价格（见图5-2、图5-3）。①

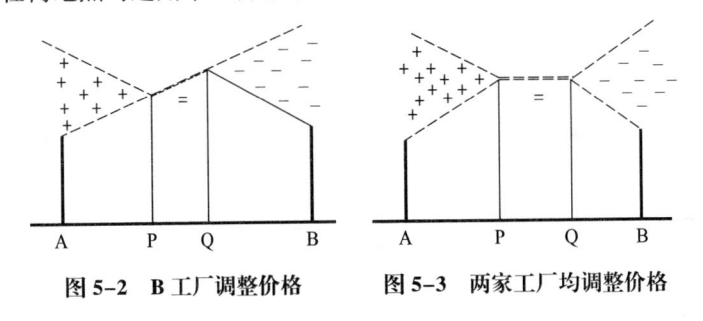

图5-2　B工厂调整价格　　**图5-3　两家工厂均调整价格**

但如果难以做到这一点，那么，如前文所建议，放宽单一价格规则也是一种简单易行的方法。让生产商，如果他们选择这么做，将市场划分为若干个区域，在每个区域内基于运输到各个地点的平均运费，制定区域内的单一价格。

鉴于上述原因，我们不必担心单一价格体系会让竞争范围严重地收缩。单位体积价值高的商品不会如此，因为它们的运输成本微不足道。此外，质量参差不齐、且质量是销售决定性因素的商品，

---

① 在图5-2、图5-3中，垂直的两条粗实线分别代表位于A地点和B地点的两家工厂的价格，虚斜线表示由于运费而增加的价格。在两张图中，工厂在P和Q之间的区域给出的价格条件相同。但在图5-2中，这是通过B工厂对价格进行特殊调整来实现的；而在图5-3中，两家工厂均采取比较正常的价格调整，没有违背"长途与短途费率"的原则。这种为适应市场竞争而调整价格的做法很常见，在生产商不能向远途客户让步的单一价格规则下，可以预期会有更多的调整。

以及在广大区域内可适用分区运费率的商品，也不会如此。即使不管所有这些事实，竞争范围最终还是受到过度限制，我们也可以适当放宽单一价格体系本身，实行弹性区域制。如果在弹性区域制下，一些生产商仍然比周边市场上所有其他竞争者都更有优势，这也只是因为他们被迫在这些市场上，给出比那些具有积极竞争优势的生产商所给出价格更低的价格。当然，这些生产商也没什么理由可以抱怨。在图5-2、图5-3中，A地和B地的消费者也许不能从彼此竞争的多家生产商中进行选择，但消费者实际的购买价格低于主动竞争的P-Q区域。

这种区域制将改变竞争，缓和冲击，这是现在急需要的改变。我们常常看到无节制降价所带来的恶性竞争，而这正是我们想要避免的情况。我们不希望竞争像过去那样激烈，因为那种状态不可持续，持续的期间内弊大于利。上面建议的较温和竞争形式至少有可能会持久一些，相比于目前保护"自由"竞争的做法，它让我们在20年后得以保留下更多的竞争。

顺便提一下，现行政策除了可能导致恶性竞争外，还存在其他缺陷。如果制造厂在广阔区域内以相同的价格条件进行竞争，自己承担客户的运费，就肯定会导致一些不必要的运输，即从较远的制造厂运输货物。但如果能在商品定价时考虑运费，这笔业务就会由距离客户较近的制造厂赢得。有人认为，将一些鞋子从波士顿运到芝加哥，将另外一些鞋子从芝加哥运到波士顿，不一定完全是件好事，因为铁路运输公司一直在抱怨缺少资金，无法满足日益增长的运输需求。

因此，即使允许将整个市场划分为若干个小区域势力范围，看

第五章 垄断与法律——破坏性竞争

来也不会有什么严重的危险。但在实施这种制度时,会遇到一个现实的挑战,即很少有商品能像金钱那样,具有"同质性"和"易识别性"。商品的质量参差不齐,购买者不一定能识别出质量差异。如果一家托拉斯公司想以低于生产成本的价格在明尼苏达州销售商品,目的是打败那里的竞争对手,托拉斯公司可能会设法生产一种特殊的商品,并在明尼苏达州市场上进行独家销售,以达到它的目的。它还可以推出一款全新品牌的商品,仅投放在明尼苏达州的市场上。这样一来,它就可以在当地市场上以任何竞争对手都无法抗衡的价格销售商品。

但根据"假定"的法律,这家托拉斯公司必须以与明尼苏达州相同的价格向其他州的消费者出售这种特殊品牌的商品;如果其他州的大量订单迅速抵达,托拉斯就会付出昂贵成本,它想要在明尼苏达州市场上击败竞争对手的愿望可能也就会落空。毫无疑问,迟早会有大量订单到来的时候,届时托拉斯的策略将不再奏效。然而,独立生产商可能坚持不了这么久,无法等到获救的那一刻。因此,在策略失效前的一段时期,托拉斯能够在除一个州之外的其他各州维持商品的高价,而在那一个州为了摧毁竞争对手而承受损失。

诚然,这种挫败单个小型竞争对手非常有效的策略,如果用来同时对付很多小生产商就会失效,因为不同工场里生产的商品加在一起,就会和托拉斯的商品一样种类丰富。但如果托拉斯一次打击一个小生产商,就有可能将小生产商一个一个地连续摧毁,除非小生产商联合起来,组成垄断赢利同盟来抵抗托拉斯的攻击。如果他们这样做,就可以以毒攻毒。如果一家大公司降价出售一种商品,小生产商组成垄断赢利同盟,可以采取相应的对策,让赢利同盟内一家工厂的同种商品也降价出售。这样的策略令人们不禁想到一个问题,即这个国家的长期政策是否会不利于小生产商的垄断赢利同盟?在其他国家,小生产商赢利同盟得到宽容,甚至是得到友好的对待。在防御超级大公司的打压时,小生产商赢利同盟也许可以发挥一些作用。

如果法律要在这种令人困惑以及其他类似的情形下提供帮助,那么它就必须依据一些体现反不正当竞争特别法规精神的普通成文法来进行,而且,最好建立一个委员会协助执行,就像州际商业委员会执行《州际商业法》(Act to Regulate Commerce)的一般条款那样。对《谢尔曼反托拉斯法》从宽解释会有所帮助,因为毫无疑问,所有不公平的竞争都是"对贸易的不合理限制",但成文法规可以提供更多的保障。

如果能够证明,某一类商品的降价不能用生产条件发生变化进行解释,而且这次降价也不是永久性的,那么,这就可以作为一项证据,说明这次降价可能是出于掠夺性的目的。如果某类商品的价格先被压低,然后又上调,而竞争对手就在此期间被挤垮,那么,这就可以作为掠夺性目的的确凿证据。如果对出现的几个案例施加严厉的处罚,通过这样的措施,托拉斯可能就会由于这样的行动过于危险而不再冒险一试。如果人们继续像现在一样坚定地反对垄断,对公司高管加紧监督,那么,在制止"灭绝战争"——诸如托拉斯对其竞争对手发动的战争——时,人们就会不再认为成文法规无能为力了。

当然,只要仍然有律师利用寻找成文法规漏洞来证明自己的专业技术能力，法律就不是万无一失。法律的技术细节通常有利于违法者，是将为罪犯争取豁免权视为自己工作的律师的面包和肉。在界定托拉斯并禁止其掠夺行为的任何成文法规中，最重要的一项法条都会明确规定，不得以任何形式允许出于掠夺或类似目的的行为。普通法的范畴比成文法更全面，它在限制托拉斯方面可以采取更有效的行动。普通法全面禁止垄断，任何成文法规都不得通过暗示或任何其他方式削弱这一禁令。法规对托拉斯的界定的任务必须完成，但国家在重要领域的行动范围不应缩小。

继续使用之前的用语"贸易限制"会带来一些好处，因为如果这样做，法规对托拉斯的界定就可以不断地发展变化，而任何有用的对托拉斯的法规界定必须与这种发展保持一致。例如，从科学的角度出发，应当如何正式界定垄断公司呢？是否只有当某种商品仅能从一家公司购买时，才符合对垄断的界定？如果这样的话，那么现在基本上没有任何垄断存在。因为几乎每一产业都保留了少许独立公司。托拉斯占领了市场中心地位，同时允许一些小竞争对手在市场边缘运营。如果这些竞争对手都在托拉斯的控制中，不得不按其意愿行事，那么，垄断基本上就完成了。在这种情况下，如果强大的新竞争对手被排除在市场之外，托拉斯的垄断地位就能继续得到保证，因为它在经济利益方面没有什么可担心的。至此，托拉斯在法律方面的危险应该就开始了，因为它从市场上驱逐出去的，不仅是实际竞争对手，还有潜在竞争对手，托拉斯于是可以在市场上做一些不公的压制性事情，因此被定性为不法之徒。当垄断力量发展到竞争已无法抑制它时，如果国家能够有效地控制垄断，那么，成功的公共政策就迈出了第一步。但在垄断还没有达到这个阶段时，国家不需要采取行动。

如果我们建议执行普通法或"按照理性解释的"《谢尔曼反托拉斯法》，在明确法律诉讼程序之前，需要先区分几个概念。首先，我们必须将潜在竞争视为一个监管者，并注意到托拉斯用来破坏其力量的手段。

121　　控制弱小竞争者并阻止强大对手出现，就是一种垄断行为，呈现了垄断的特征。仅仅是潜在的、目前尚不存在的制造厂就可以预先防止或遏制垄断行为。如果竞争者可以自由进入市场，托拉斯可能就要与维持高价方面保持距离。验证大公司是否处于完全垄断的地位，可以看竞争者是否能自由地进入市场。如果可以创办新制造厂，建成后也不会面临托拉斯采用一些不正当手段将其搞垮的风险，那就说明，大公司对使用其危险力量比较克制，可能成为一家有益的机构。它或许是通过高效率地生产商品，逐渐积累资本，为美国在世界产业领域获得主导地位做出贡献。竞争者可以安全地建立和运营制造厂的唯一确凿证据是，有一些这样的制造厂已经建成并正在运营。如果商品价格非常高，此时也没有任何新制造厂出现，这就说明潜在竞争者被吓坏了。

　　公司规模本身并不一定构成垄断。可以想象，有一家公司生产
122　了某种类别的所有商品，但它至少在某些时候也会受到一些限制。潜在竞争对手的存在阻止它做出过分的恶劣行为。事实上，在某些产业部门，已经出现了接近这类情况的现象，这使得社会的垄断状况虽确实令人吃惊，但仍在可容忍范围内。在这些案例中，一旦法规没有跟上，伴随着企业规模而产生的邪恶力量并没有被充分利用。不过这种情况越来越少。现在，邪恶力量经常被操控和利用，

第五章 垄断与法律——破坏性竞争

然后就开始掠夺行为。垄断就是垄断者所做的事情,而识别非法力量的典型行为就是通过上述几种方法打压竞争对手。

每个高度发达的国家都会在某个时期面临一个尖锐而实际的选择,即选择是否要保持竞争的活力,现在这个时期正在快速地到来。如果没有竞争,政府就必须控制产品价格,可能还要控制工资和原材料价格。这是一个令人担忧的计划,但一个国家不能让其公民任由"章鱼一样"无处不在的话术摆布。只有某种形式的竞争力量才能帮国家减轻其对市场严格管控和强制规定多种价值的责任。竞争可以把我们从这种困难和危险的"不可避免"中拯救出来。面对巨兽一般的资本合并,竞争可以消除它们作恶的力量,而留下向善的力量和行善的动机。

当市场需要潜在的竞争者,而它没有迅速出现时,人们就会感到气馁,开始要求国家采取激进而危险的行动。随着竞争对手出现的可能性越来越小,最后变为不可能,联合体的邪恶特质就会增长,而有益的品质则会逐渐消失。一个规模大但没有任何掠夺性力量的公司是有益的;但是带有邪恶禀赋的庞大规模会让公司成为对自由的威胁;作恶能力取决于托拉斯用来摧毁对手的手段。对大公司可能采取邪恶手段打压对手的预期会让对手感到威慑,不敢进入市场。当竞争生产商进行初步的市场调查时,大公司需要做的只是挥舞一下大棒。大公司并不需要真正实施这些做法,因为竞争对手会自行消失。这已经成为近来生产制造产业常见的一个规则。

如果要理解目前的情况,明智地决定未来政策,至少必须考虑以下两种可能性。其一,如果价格上涨必然会促使新竞争对手的出现,那么涨价就不会超出适度范围。价格将一直保持在较低水平,这不仅是被已经在市场上并采取了行动的竞争者压制，还被潜在的新生产商压制。这是第一种可能性。其二，新的竞争对手也有可能不敢进入市场，因为如果这样做，托拉斯就会使用大棒对付它们。这是第二种可能性，它会让第一种可能性消失，从而使垄断失去约束。这种情况下，竞争者一出现，它肯定会被托拉斯击垮，这就让新竞争者出现的可能性荡然无存，而新竞争者出现的可能性是对垄断行为进行自然约束的唯一重要方式。

现在需要的是第三种可能性，比如法律本身能够提供"担保"。法律需要确保，如果托拉斯对竞争对手挥舞大棒，就会受到法律的棍棒攻击。这就能阻止托拉斯打击新的生产商。那么，上面的第二种可能性，也即那种糟糕的可能性，就可以被消除，而第一种好的可能性则得以恢复。如果在托拉斯不公正地打击竞争对手时，对政府权力有所畏惧，就会给予竞争者市场自由。而竞争者所需要的也正是这种自由，一旦得到保障，每当价格上涨到能够带来应有回报的水平时，新的竞争者就会迅速进入市场。敲诈性的价格上涨不会发生，而潜在竞争对手则以这种方式保护了公众。蕴含于法律中的力量，通过消灭托拉斯的力量来摧毁托拉斯——当托拉斯变得活跃时。

无论从哪个角度看，我们都会得出同样的结论，法律必须解除托拉斯的武装，必须拿走其用于作恶的特殊武器。首先必须解决铁路运输业的问题，确保所有托运人受到公平待遇。还必须阻止任何直接或间接的个人歧视。也就是说，排他性独家采购协议、局部区域降价和对价格体系的掠夺性破坏，以及所有其他可以被认定为垄断的行为都必须得到遏制。在这些禁令后面必须有一股真正强大的力量提供支持，而这种力量还必须能够快速行动。

自《谢尔曼反托拉斯法》的实施功效逐渐显现以来，我们第一次有理由相信，所有这些事情都是可以做到的。托拉斯掠夺行为的证据并不缺乏。单是其庞大的规模就能赋予公司一种危险的力量，而涨价和关闭制造厂的行为则表明这种力量被用来损害消费者利益。竞争对手经常受到的对待表明，这种力量被用来对付它们，而当托拉斯以一种或多种人们熟悉的方式打击竞争对手时，这也不是不可发现的。当所有这些非法行为被禁止后，潜在竞争就会获得一种前所未有的监管力量。这就好像是在产业巨兽身上系了一条半隐半现的坚固结实的绳索，人们可以抓紧绳索，在很大程度上驯服巨兽。

在它们变为温顺的家畜之前，还需要更多的驯化。现在的实际情况是，要是没有潜在竞争的制约，一百家大公司就会发展为不受任何约束的垄断企业。但我们需要的不仅是竞争的制约。巨兽一次又一次扯拽绳索，让它紧绷，最后挣脱出来。除非我们能够让绳索更强韧，否则我们将不得不进行妥协，让自己适应一定限度下的垄断邪恶力量。这会损害消费大众和劳动者的利益。对国家来说，容忍垄断作恶是一种危险，但它也能带来积极后果，因为将会有更强烈的呼声要求政府控制和管理产业，以谋求公共福利。

当我们将托拉斯每次恐吓竞争对手的不当行为都收集为法律证据，证明垄断存在并惩罚涉事公司时，我们就在以科学的和长期有效的政策管理托拉斯方面，开了个好头。

第六章　还需要什么

如果我们能对大公司扬长避短，就有可能获得国际领先地位——仅仅停止不公平竞争是不够的——只有活跃的竞争才能证明潜在竞争者没有受到威吓，也是唯一能培养有效竞争者的学校——目前所有的方案分为两类——在我们放弃竞争前，应先确定竞争的确已经失灵——持续改进的必要性和以价格管制进行约束的风险——在竞争下，我们有可能兼有大型生产规模和进步

当本书第一版面世时，看起来似乎有希望迅速地解决托拉斯的问题，且不需要强行解散这些机构。正如我们在前一章中所述，有效政策的初步实施似乎就足以满足这个目标。只要能约束垄断，我们也许可以接受并欢迎大量的资本集中。我们可以允许制造厂和工场扩大规模并相互联合，以便实现这种联合发展所保证的经济效益，但是对于因联合而获得的力量，我们必须制止掠夺性地使用它们。这种政策承诺在杜绝垄断现象的同时，确保有效生产、公平价格与公平工资。通过这种方式，似乎无论如何财富都将随之而来；也许同样伴随的还有和谐，甚至是博爱，而这些比单纯的富足更有价值。如果尽早将集体繁荣与内部和谐统一起来，一个国家也

第六章 还需要什么

许就会获得经济领导地位。相对于其他国家，它所具有的优势就好比一个人率先使用高效率机器而获得相对其他人的优势。资本合并本身是一种大幅增加总收入的手段，如果一个国家能够尽早从中获益，就会比竞争对手更有优势。为了从这一战略地位中充分获得收益，一个正在利用托拉斯的力量来造福于人的国家，必须采取最强有力措施遏制其邪恶力量，而且现在必须承认，除了最初建议的限制，还有必要采取更多的限制措施。在托拉斯的掠夺行为被禁止后，还有更多工作需要完成。

实际情况是，可以肯定地说，《谢尔曼反托拉斯法》将保留下来，人们将依靠它来帮助消除"不合理的贸易限制"。在本书中，这简短的表达意味着垄断，它描述的是当一个合并后的联合体终止了其成员之间曾经存在的竞争之后，开始(1)对新的竞争者采取不公平的行动，以及(2)为谋取利润，对生产和销售的商品数量进行控制。如果没有上述两种行为，仅仅是终止联合体中各成员之间的竞争，并不一定会导致任何罪恶。这些行为必须阻止，即使在某些情况下，也需要援引更严厉的法律才能实现。

这就相当于承认，除界定、禁止和抑制那些作为托拉斯掠夺策略中重要组成部分的特定行为外，可能还需要做更多的事情。显然，除了潜在的新竞争者外，还需要有大量活跃的现有竞争对手。一个社会要十分安全，其所处的环境不会是，有一个过于庞大的公司占有了大部分市场，而残存的独立生产商零零散散地分布于各处。在这种环境下，无法证明可能存在真正有效的竞争。托拉斯也许已经击败了它的主要竞争对手，并准备好了对付新的竞争对手的武器。唯一可以证明竞争者能够进入一个产业的确凿证据，是当价格高到足以吸引竞争者进入一个产业市场时，它们的确这样做了。

　　此外，如果托拉斯的潜在竞争对手想要积极有效地参与竞争，它们就必须懂得业务，在获取资金和熟练劳动力，以及在生产和销售商品方面，它们都必须具备丰富的经验。如果我们的大卫在迎战歌利亚之前不擅长抛掷，那他以后也没什么时间去练习了。如果所有活跃的竞争者都被兼并了，那么，那些可以抓住商品价格上涨带来第一次机会的竞争者——经历了市场竞争的千锤百炼、足智多谋、精通贸易的优秀管理者群体，他们还能在市场竞争中继续留下来多久？10年后，这些人才的数量将逐渐减少，商业敏锐力慢慢消失；20年后，他们就会被遗忘。当初通过《谢尔曼反托拉斯法》时，人们希望有足够多的活跃竞争，现在人们坚持保留和执行该法案，也正是出于这种要求。

　　应对托拉斯计划的前提之一，那就是至少在实质上，《谢尔曼反托拉斯法》继续保持有效。监管托拉斯的计划主要有两类，一类涉及政府对价格进行监管的措施，另一类则是采取措施防止公司在合并后规模过大，以至于市场因此缺少足够数量的竞争对手。如果公司的规模已经过于庞大，该计划就会要求拆分公司。我们有必要对这两类措施的主张进行检验。但在检验之前，显然，如果由政府委员会或其他公共机构实施价格监管，就意味着自然监管的失灵——而这种监管直到最近还是由竞争来保证。当竞争生产商数量足够多，能够通过竞争将价格维持在正常水平上，很少有人会考虑让国家管理价格。因此，可以将这两类措施区分为放弃竞争信念的措施和保留竞争信念的措施，但二者都考虑根据以保持竞争活力为明确目的而通过的法律行事。

第六章 还需要什么

我们应当首先观察，竞争是否真的不复存在，或是已衰弱无力到无法恢复的程度。同时，我们有必要准备采取任何措施，尽可能地重新恢复竞争活力，即使是在意料中的竞争将失败的计划下。那些认为最后必然会由政府部门垄断价格的人，更应该首先给竞争一个公平机会发挥作用，看看预期的竞争失败到底会不会真的发生，以此证明他们的主张的正确性。如果我们了解到，竞争是被某种我们能够打破的限制束缚住了手脚，而假定竞争已经失灵，那么没什么比这在理论上更不合理、在实践中更具有灾难性。作为一个理性的人，即使认为竞争已经失去很多活力，发挥不了太大作用，他也会问自己一个问题："一旦竞争的力量得到释放，它会做什么？"而政府的政策将取决于对这个问题的回答。

在"什么措施能让我们实现目标"这个问题背后，是"我们的目标是什么"。如果我们能够驾驭我们的工业"国家大船"，我们该驶向哪个港口呢？有人可能会认为，我们所能期望的最好结果，是工业繁荣带来大量的国民总收入，然后按照诚信原则进行分配。人们通常以为，对托拉斯的指控完全是基于其过高的价格，而在生产方面，它们没有任何过错。人们假设，托拉斯在生产商品时遵循了最大经济效益的原则，但它们骗取了别人本应得到的公平收益份额。事实上，这的确描述了它们在短期内所做的事情，然而，如果想坐稳垄断的位置，托拉斯就要做一些更糟糕的事情才行。它们最觊觎的并非是从现有社会收入中分得一大块，而是持续增加的收入。进步本身就是经济学的最高境界，社会进步得最快，其本质就最好。如果一个国家停滞不前，它就不可能是好国家；反之，如果一个国家正在以令人满意的速度发展，它就不可能是本质上糟糕的国家。社会进步的方向和速度是检验经济体系质量的最高标准。

我们必须持续地改进方法，否则，全球不断增加的人口将无法维持目前的生活水平；如果希望生活水平不断地得到改善，就必须迅速地改进方式。机器必须更加灵巧和自动化，承担更多现在由劳动者双手完成的工序。此外，还要获得新动力和新原材料，更充分地利用大自然的生机来保障食物充足。竞争通常能够确保这种总体向前发展的趋势。根据我们的计划，首先要确保竞争的活力，因为它是消费者、农民和劳动者的直接保护者。我们希望竞争能够保护这些阶层免遭劫掠；但是，如果不从竞争更重要的作用——刺激发明和激励生产商提高效率——中得到好处，我们就不能为了上述目的而使它继续存在下去。

如果试图用粗暴的方式对托拉斯进行管理，你可能会看到，这种方式抑制了创新才能。而这是实施政府官员监管价格的政策必然导致的结果。我们会看到，这将促使托拉斯为了更长久地使用旧机器而压制技术改进。相反，如果仅通过竞争的力量来监管，托拉斯就不得不对设计和使用新机器永远保持警觉，以免自己遭遇行动迟缓者和不思进取者的命运。拥有更先进的生产设备的小工场生产的商品，可能比大工场的还要便宜，并且随着竞争对手越来越少，它可能发展为一家大工场。一家没有进取心的公司，不会因为它的规模大就获得对所有企业一视同仁的生存准则的豁免——生存下去唯一条件就是持续提高效率。为了将来的发展，而不是现在对经营困难的企业提供救济，我们必须依靠生产商之间保持竞争的活力。

由于篇幅所限，对高度集中与有效竞争相结合的这样一幅前景的一些特点，本书无法展开详细地讨论。在这个新机制下，总体经

第六章 还需要什么

济发展可能会更稳定。"繁荣"和萧条也许不会像过去那样接踵而来，商业危机也可能会变得不那么频繁和危险。对于那些由投机性的"高级金融"方法而导致的问题，我们也许可以满怀信心地期待，通过实施更为保守的举措，情况会有所好转。对于因银行体系不完善而加剧的问题，我们应该能够从目前银行改革的前景中看到希望。对于因为生产商不了解真实供求关系而生产失调导致的危机，作为新的竞争特征之一的对商业行为自由地披露，应当可以大大减少这种弊病。

此外，还可以扩大安全投资的领域。最终，工业企业的债券应该成为一种安全的财产形式，即使穷人也可以持有，同时，随着投资储蓄方式的改进，储蓄本身的金额也会增加。通过将高水平工资中尚未消费的部分安全地投资储蓄，劳动者就可以不断地积累财富，而真正的无产阶级（如果还有的话），未来也只占目前工薪阶层的极小比例。大多数劳动者最终可能都拥有资本，以及享有资本带来的舒适感和影响力。几乎所有人都将与社会秩序利害攸关，而这可能会促进政治生活水平的稳步提高。就像之前人类曾受馈赠的任何事物一样，这样的利益组合也值得为之付出英勇努力，克服一切困难，完成看似不可能的任务。

未来的社会将把经济与进步结合起来，而且会依赖过去曾经确保经济发展的力量来做到一点，这几乎是由其他可能行动路线的性质所决定的。一方面，如果我们不采取遏制措施，放任垄断者按照自己的意愿行事，那么，就会迅速地到达一个无法忍受的状态。垄断合并体将掌握着强大的邪恶力量，并具有强烈动机运用这种力量，而它们行善的积极性也会被大大削弱。这会对美国的发展造成永久损害，并将我们目前所处的领导地位拱手交给其他国家。另一方面，美国本身的发展结果也可能是国家社会主义。对私人垄断的容忍永远在一段适度的距离内。国家可能会接管所有呈现垄断特征的产业，而不是让垄断继续发展下去。

尽管企业合并是不可避免的，但只要我们能够保持正常竞争，就有可能在不采取这一危险步骤的情况下实现全面繁荣。什么样的行动路线能最有希望实现这个目标，我们对此拭目以待。

第七章　建设性的竞争

两类建议——如果竞争已失灵，托拉斯就成为公共服务企业——如果竞争将复活，必须限制企业合并——只打击某些形式的垄断联合徒劳无功——近期的托拉斯解散只是产生了"利益共同体"——需要限制为控制竞争者而获得的股票表决权——并禁止董事在竞争公司中持股——达成协议的可能性及其弱点——可以防止建立秘密赢利同盟——使协议合法化涉及控制价格——失去进步动力的危险——滑动价格体系——以公共法令手段使供求达到平衡的困难——人为稳定价格之恶——如果恢复了竞争，竞争会是包容的吗？——恶性竞争的原因——可能受到单一价格原则的抑制——行业成本核算的进步也有影响——百货公司的例子——如果垄断不可能实现，恶性竞争宁愿承受暂时损失的一个动机就被消除了——在不产生垄断的前提下，联合企业能够发展到什么程度取决于具体的条件

当医生们意见不一致时，患者就需要自身足够强壮的体质才能在没有医生的帮助下恢复健康，而面对当前经济罹患的重症，承担治疗责任的产业界和立法者之间却似乎出现了前所未有的巨大分歧，令人感到绝望。但如果仔细观察，情况好像也没有那么复杂

因为如果我们能够正确诊断出疾病，就不会在治疗上犯致命的错误，并且也只有两种可选的诊断。对于那些公正而明智地对待这一问题的人士来说，关于我们所患疾病的基本性质，他们有两种不同的观点，由此相应地产生了两类建议。

第一种观点也许在生产商中支持者最多，即认为在大规模的行业中，竞争已经完全失灵，垄断成为定局。大工厂比小工厂更有效率，联合比独立更有效率，竞争会导致浪费，也违反自然，而垄断则是必然结果。这些行业是真正意义上的"自然垄断"。

对于持有这种信念的人来说，一般的行动计划显而易见。我们已经有相当多的行业被认为是自然垄断，我们称之为"公用事业"，经营它们的公司被称为"公共服务公司"。供水、供气和供电行业是这类的典型例子，电报、电话和铁路行业也包括在内。这些行业的垄断是出于实际需要，然而，我们通常无法忍受的是由私人控制的垄断权。那我们凭什么要区别对待这些行业呢？是因为它们提供的服务具有普遍用途、属于必需品吗？屠夫、织布工和面粉厂工人的服务又何尝不更是如此呢？难道是因为其中有些服务（并非全部）与信息交流有关，因此对强大的公众舆论传播、国家团结，以及就国家层面而言必不可少的支持与合作关系极为重要呢？但为什么把天然气和电力生产包括在内，而忽略能够影响公众舆论的书籍、杂志和报纸呢？最基本的经济事实是，这些行业天然地不可竞争，因此需要公共管制。如果竞争机制在天然气行业运行良好，我们就不应该对其进行任何特殊监管。而另一方面，如果纺织业和面粉加工业也出现明显、不可避免的垄断性，就像现在的天然气供应一样，它们也会因此而成为公共服务，因为垄断力量一直是公众担

第七章 建设性的竞争

心的问题。

对于公认的公用事业产业,我们制定的政策是确定和明确的。我们不再试图强制竞争,而是承认产业联合,并对联合后的价格进行监管,通常是通过各个委员会。那些认为产业托拉斯也会带来同样问题的人士,必然会从逻辑上寻求类似的补救方案。如果持这种观点的人士胜出,他们就会将垄断合法化,让公共委员会的法令取代自由竞争,并对价格进行监管。

另一种解决问题的方法始于完全不同的诊断。它基于深深扎根于我们民众心中的一种信念,即竞争尚未消亡,托拉斯的垄断力量是偶然的,并非不可避免,这些力量的基础是可以消除的特权、可以收回的权力以及可以禁止的掠夺行为。持这种观点的人士自然会希望,首先应当禁止竞争者拥有相对于其对手任何形式的不公平优势,并进一步禁止任何形式的垄断联合,只要其结果将导致有效竞争无法继续存在。我们现在要讨论的是后一个问题。

根据这种政策,我们可以延续以前的行动,继续打击各种形式的垄断联合体;但是就像故事中的巫师一样,垄断组织也会变化为新的形式,以躲避我们的行动。我们已经迫使它们从垄断赢利同盟公司变为托管公司,又从托管公司转为控股公司,再到大型合并股份公司和非正式的利益共同体。我们不能禁止所有形式的联合,因为我们不能完全没有联合。如果不以某种方式将分散的资本集中起来,现代产业将会崩溃,因为现在使用的工具规模已经超出了个人供应能力。而无论我们允许任何形式的联合,它都有可能在维持这种形式不变的情况下,规模庞大到足以形成垄断的程度。公司本身也是一种联合形式,它几乎可以在不改变形态的情况下无限增长。被我们归类为托拉斯的公司和被视作独立的公司，它们二者的区别可能只是规模上的不同。显然，我们不能只因为有些公司可能发展到垄断规模，就取消所有公司。我们很难成功地阻止垄断，除非我们选择一些其他攻击点，而不只是垄断者组织其企业的形式。

要想达到预期目的，必须防止在一个行业内，资本的所有权或控制权以任何的形式过度集中，以至于竞争消失。因此，要保护竞争活力，就需要对任何个人或任何组织在一个行业内可以控制的资本金额或比例设定某种限制，无论这种限制是以什么样的方式实现。《谢尔曼反托拉斯法》的实施正引导我们采取限制行动。

因此，我们面前有两种截然不同的方法。两者追求同样的目标：产业效率、进步与公正，但它们在方法上有根本性不同。第一种政策将吸引那些认为限制企业规模就可能阻止垄断，但也会影响效率的人士。而那些认为经营良好的独立生产商可以像托拉斯一样高效，竞争为进步提供了宝贵的动力，而垄断和价格垄断将摧毁这种动力的人士，将更喜欢第二种政策。

无论采取哪种政策，我们都应该在现有的基础上进行改革，而不是将一切推倒重来。目前，我们正在努力重新建立竞争格局，但迄今为止尚未取得令人完全满意的结果。目前的情况是，当有证据表明一家联合体以不合理方式限制了竞争并具有垄断特征时，就必须遵从法院指令进行拆分和重组，拆分后的各企业应相互独立且能够开展竞争。但在实际的重组案例中，一个突出问题是拆分后的企业并未完全独立。简而言之，重组的主要方式和基本特征就是将拆分后各子公司的股份按比例分配给控股公司的股东。举一个最简单的例子，在标准石油公司的重组中，任何持有原公司8%股份的

第七章 建设性的竞争

人都会获得拆分后每家新公司的 8% 股份；如果几个人共同持有原公司 51% 的股份，那么他们在拆分后每家新公司中的共同持股比例也是 51%。也就是说，我们解散了被称为"控股公司"的联合形式，以"利益共同体"这种新的联合形式取而代之。我们禁止了垄断者以惯常方法的联合行动，虽然如此，这种行动的动机不仅仍然和以前一样强烈，一条垄断者可以采取联合行动的途径也得以保留下来。一位独立经营炼油厂的生产商，当他将自己的炼油厂出售给标准石油公司之后，获得了一些控股股票，当然，这位生产商只是这家大公司微不足道的一位小股东而已。标准石油公司解散后，这位生产商不但不能拿回自己的工厂，反而成为控制该炼油厂的公司、以及好几家与他毫无干系的公司中一位无足轻重的少数股股东。这位炼油厂的生产商就好像是在自己家里的一位陌生人，他甚至也不具备充分稳固的根基，以支持他提出有效的抗议。

在美国烟草公司的案例中，的确，原本没有表决权的优先股持有者在拆分后获得了表决权，这就让原先控制联合体的 29 个人不再拥有控制权。但这并没有打破共同利益，仅仅是扩大了利益共同体，而没改变同一批人的名字仍然出现在所有新公司的股东名单上这一事实。

此外，当美国烟草公司和杜邦公司解散时，经过安排，在一部分新公司中，原来的普通股股东掌握多数股权，优先股股东占少数股权，而在另一些新公司则正好相反，原优先股股东处于"控制"地位，普通股股东则位居其次。这就好比有一家名为史密斯-琼斯的公司被拆分为两家新公司：史密斯公司和琼斯公司。这样，在史密斯公司，史密斯持有 60% 有表决权的股份，琼斯持有 40%；而在琼斯公司,琼斯持有62%有表决权的股份,史密斯持有38%。然后,我们郑重其事地命令这两家公司相互竞争,但不要太激烈!

各家新公司不能有共同的高管人员或董事,否则就会公然违背法律意图,这同样也是事实。那么假设一个问题:如果某座城镇里的所有水力发电厂都由一位居民拥有,那么,为了保护这座城镇,是否可以要求这位居民为每个发电厂指定相互独立的代理人,以负责工厂的管理,如此一来发电厂之间就可以相互竞争了?这个重组计划会不会过分强调代理人与各机构的重要性,而低估了股权所有者的权威性呢?

我们不能盲目地认为,公司是以"人造法人"的法律理论为指导,这可能会让我们忘记或忽视朴素的商业事实——公司是由真实的人即股东组成的真实联盟。这些人就是公司,至于到底选择多少家法人机构来实现其共同的意愿,这在本质上没有什么区别。人们常说,人类机构的法律理论总是以过去的先例为基础,但很少或从未与为适应新条件而不断发展的机构本身的真实本质完全一致。最能说明这一点的,莫过于公司具有人为的法律意义上的人格,它与公司股东的人格相互分离。

在争夺标准石油的前子公司沃特世-皮尔斯石油公司控制权之战中,这个问题被该子公司原先的利益集团放到台面上来,他们拒绝接受洛克菲勒股东的投票结果。同时,围绕着前子公司控制权的整个问题正在调查中。很难找到合乎逻辑的解决方案,除非禁止任何利益群体控制多家新分立公司的表决权,因为那显然违背了各公司间应真正独立和相互竞争的法律意图。这就是问题的症结所在。我们已经允许相互独立的公司拥有共同股东,但能否允许这些股东

第七章 建设性的竞争

选择公司高管和决定公司政策,即使是在法院设定的限制范围内?在沃特斯-皮尔斯案开庭辩论时,法庭签发了一项临时禁令,禁止洛克菲勒及其他股东行使股东表决权,任命他们选择的董事。如果我们要应用这一原则,我们能否不要自始至终地完全照搬,并禁止任何股东在同一企业旗下的多家子公司行使表决权?这类似于已经提出的处理控股公司问题的建议,即允许一家公司持有其他公司的股票作为投资,但不允许他通过行使表决权控制其他公司。

有人可能会反对,认为如果大量持股受到这样的限制,将导致少数股东而不是多数股东控制公司。每个公司都可能由未持有其他公司股票的少数股东控制。对这个问题的答案很简单,因为在这方面的任何变化都不可能比目前制度更糟糕。在现行制度下,一家公司可以发行没有表决权的债券,用募集的资金收购其他公司的普通股而获得控股权——这种股票背后的实际投资资本通常很少。我们必须消除这种旨在控制他人资本的机器,而上面的建议就为我们提供了一种公平的方案。方案本身不会禁止完全通过收购竞争工厂的产权、或将两家公司联合这类彻底的方式进行公司合并,但它却能防止另一种非常微妙的联合方式,即让那些投入大部分资本的股东彻底失去对公司的控制权。

举例来说,一个重要的现实是,尽管美国铁路公司发行的股票与债券总额不相上下,但如果不算公司持有份额,个人持有中股票比例略超过三分之一,其余的是债券和其他债权。公司购买证券的主要目的就是控股,因此会选择能让其获得控股权的股票。在1910年,超过43%的美国铁路股份由铁路公司持有,而其余57%的股份,则大量分散在小股东手中,因为控股公司认为不适合全部购入，这点股份在管理方面也不具有任何发言权。那么，在提供给美国铁路系统的资本中，只有慷慨的三分之一是由具有表决权的股份所代表，但就对公司的控制权而言，由于无法与这些公司持有、通过这些公司由内部股东圈控制的集中股权（未计入上面的三分之一内，因为不是个人持股）抗衡，其中很大一部分是无效的。显然，投资美国铁路的资本中只有不到三分之一，甚至可能不超过四分之一，在公司管理方面中能够拥有有效的发言权。这意味着，如果投资在适当的股票上，只需要 20 亿美元，就可以控制净资产超过 140 亿美元的美国铁路系统。这个例子让我们看到，少数股权对多数股权的控制，达到了令人震惊的程度，而我们所建议的改革方案，则是朝着较为民主的情况前进了一步。

还有人提出另一个问题：无偿获取股票价值，这难道不是没收吗？但财产所有权从来都不包括非法使用财产的权利，建议中的规则除了会取消利用股票做非法之事的权利外，不会剥夺任何其他东西。建立和维持对一个产业的垄断控制，这是法律禁止的非法行为。这里建议的规则，如目前事态发展所预示的那样，不会阻止任何人选择投资一家参与竞争的公司，或者在他已经投资这样的公司的情况下夺走他的投资，这只会阻止他同时在一家以上的此类公司的管理中拥有发言权，而根据《谢尔曼反托拉斯法》的要求，不同公司在利益和控制权上独立的原则，这样做显然是必要的。

处于相互竞争的公司中的董事地位或负责人职务带来了额外的困难。如果这些管理者持有竞争公司的大量股票，从竞争业务的盈利中获得股息收入，那么，即使禁止他们在股东年会上行使表决权，我们也很难指望他们会进行激烈的竞争。尤其在这样的情况

第七章 建设性的竞争

下，如果一名董事持有其他公司的股票与持有自家公司的一样多，那么，这名董事就很难按照"独立董事"的身份采取行动。如果我们根据上面的建议，对股东的表决权施加限制，那么我们也不能不去禁止聘任在其他公司有重大利益的董事。根据法律要求，这些董事自己的公司必须与其他公司在政策与管理上完全独立。我们的法院在强制执行公司解散时，也许会主动地适用这些原则。如果是这样，那么，就将这些规则明确地写入成文法案，让所有的人都知道，并统一适用于所有的案件，也不会有什么坏处，否则，就说明《谢尔曼反托拉斯法》的执行目前尚不完善。

如果我们能够成功地按计划行动，实现了公司间的完全独立，结果会怎么样呢？我们的经理人一旦知道了公司联合能带给他们多少红利之后，还会愿意回到之前清贫且不确定的竞争生活吗？他们会不会冲破我们设置的一切障碍，想方设法采取联合行动？他们会不会暗中达成价格协议，从而确保和以前一样的富裕生活？秘密协议可能无法避免，非正式的默契行为肯定会存在，就像当前许多企业间存在的那样。但也有可能在适当的条件下，这些策略不会给我们带来太大的恐慌。众所周知，旨在维持某个价格水平的单纯协议十分不牢靠，因为可能会受到阵营内部搅局者或外部入侵者的冲击。

此类协议可能会禁止恶性竞争，例如，不能将价格压至生产成本以下，这对所有相关方都有好处。但如果协议的作用远不止于此，那么打破协议的诱惑通常就会很大。如果协议设定了不合理的高价，就可能有人会秘密地或公然地将自己的价格降低到这个价位以下，以攫取竞争对手的业务，获得丰厚利润。阵营中最急需资金的人最有可能采取这个策略，尽管他知道会遭到报复，但这个游戏就是这样的，谁都可以玩。在每个产业阵营中，通常都至少有一个这种财务状况不佳的联盟者。

然而，即使能够控制阵营本身，也需要考虑外部进入者的问题。资本永远都在寻找最有利可图的投资领域，这一点要比现有生产商之间的任何临时协议都更能影响价格。要想将价格固定在垄断水平，就必须限制商品供应量，但如果外部资本可以自由进入该市场，则无法做到这一点。就其本质而言，"君子协定"基本上无法提供打击竞争对手的常规策略；事实上，只要维持垄断价格水平，这本身就为竞争者提供了保护，使其免受现有生产商的价格打击。在这种情况下，任何松散协议都无法维持真正的垄断价格，否则它就会因为自己的重压而倒下。

那么有没有一种可能，这些公司建立起关系更紧密的联合体或私底下的垄断赢利同盟，从而挫败监管目标呢？如果能够这样做，那么在一定程度上，它们会比没有拆分时的状况更有利，因为它们可以在法律干预风险较小的情况下实施掠夺性降价。大西洋航运联合体受到的投诉之一，是它选择让某些船只充当"战斗船"，与独立船主进行恶性竞争，当然，战斗船的船主能够从垄断赢利同盟的利润中获得补偿。如果没有这些补偿，这种做法是不可能的，因为，如果让联合体中一个成员为了其他成员的利益而破产，即使是一个关系紧密的利益共同体也无法通过这种考验。当然，如果共同体的利益完全一致，而且没有任何股票易手，能够永远存续，那么它也可能会牺牲某家公司的利益，让这家公司专门负责消灭可能出现的竞争。在选择牺牲品时，最好挑选一家很少甚至根本没有债券债务的公司,否则,上述行动可能会突然强制终止,转由破产管理人代表债券持有者的利益运营公司业务,并叫停恶性竞争。

但一般而言,这种情况实际出现的可能性不大,因此问题的关键就是:收入共享和相互支付能否在这些拆分后的公司之间继续进行?作为新拆分的公司,它们会被小心翼翼地盯防,任何重新联合的迹象都可能会被人发现。在充满疑虑又经验丰富的严密监控下,共同资金和大额公司转账还能继续保密吗?如果只是怀疑(但尚未证明)存在违规行为,那么只需稍微增加一点媒体曝光的力度,即可提供确凿证据。以目前对铁路公司账目的关注度为标准,用不了十分之一的精力,就可以让这些行为无处藏匿。如果愿意利用,我们就会有足够的力量创造条件对公司进行干预,使它们无法建立相互有约束力的联合体或无法有效地使用打击竞争对手的通常策略。

另外一种引人瞩目的观点认为,我们不应试图杜绝所有此类的公司联合协议,而是在一定限度内承认并使之合法化。这种观点属于认为"自由竞争已失败"的那一类方案。如前文所示,这类方案必然导致对价格进行公共监管,因为任何能够按照自己意愿固定价格的联合协议,都会有足够的权力对贸易进行不当限制。而任何合法化的此类协议,其对价格的操控能力,必然会超出现在未经法律认可的"君子协议"。因此,如果政府希望遏制对贸易的不当限制,那么政府明确的职责就是确保当这种限制以价格协议的形式出现时,协议所达成的价格不会过高。

一些公共机构(最好是一个委员会)必须对这些企业具有控制权,就像我们的公共服务委员会对天然气、电和其他公用事业所具有的那样,同时必须对费率进行监管。

这个方案遭到了强烈反对。难道现在铁路、邮政和电信行业的问题已轻而易举地完美解决，以至于我们应当对所有大型国家产业都承担类似的责任吗？要想对任何一个行业的总体价格水平进行有效监管，就意味着需要对该行业的所有资产进行估值。我们必须对全国大部分产业资本进行经常性的估值吗？这个浩大的工程让人望而生畏。

对于这种价格监管的影响，我们仍缺乏经验，也许有些影响尚未显现。美国实施铁路费率监管差不多有25年，但在这段时间里，我们关注的主要是价格歧视问题，基本上是依靠竞争来降低总体费率水平。直到1906年，州际商业委员会才开始拥有定价权；仅仅在最近2、3年，才在除价格歧视之外的价格监管方面取得重要成果；而只是在最近1年内，才做出一项对广阔地区的一般价格水平产生了深远影响的决定。某些州的公用事业委员会在这方面有比较多的经验，但总的来说，美国对这类政策可能引发的事件和矛盾没有什么实践经验。

我们尤其要避免下面这种严重危险。我们绝不能取消或大幅削减对改进的激励。任何变革都会有风险，除非有希望获得比金边债券稳定利息更高的回报，否则资本绝不会去冒险。如果制定出一个僵化的规则，使得价格由实际投入资本的固定百分比的投资回报来调节，那么获得更高回报的希望就会遭受致命打击而破灭。然而，要制定一个可以让公正的委员会放心遵循的指导规则，这并不容易，我们的委员会也尚未完全解决在鼓励发展的同时，还能避免"敲诈性"涨价这一难题。在一些地区，当工厂效率低于公认的标准，不能满足监管要求时，委员会就会责令公司改进工厂。但发展需要的不仅是这些。我们还必须勇于尝试未知事物，投资未测试过的设备，开发新设施，而这些是任何委员会都不能通过强制命令来要求的，因为不知道是否会成功。如果结果令人失望，我们几乎不可能冒着浪费时间和金钱的风险去做这些事，除非预期成功能为冒险者带来回报——如果平庸者与天才的收入完全一样，年复一年地维持不变，那就更不可能了。

也许最有可能解决这个难题的方法是使用滑动价格体系。在这个方案中，首先设定一个能够确保合理回报的价格范围，如有任何公司进行改进，降低了生产成本，就可以获得更高的利润，条件是需要降低价格让消费者也分享到这一收益。这种安排必须保持相当长的一段时间不变。当然，只有当我们把完全垄断者整合进统一系统时，这种方案才会有效。当我们要规范由不同工厂、成本和收益的独立生产商组成的垄断赢利同盟或协议所确定的价格时，如果不做出重要调整，我们就无法适用该价格方案。在同样价格下，一家生产商的净收益可能为 6%，另一家竞争者也许高达 8% 或 10%，而还有一家可能只有 3% 或 4%。我们既不能把价格设定在只有效率最高的公司才能获得公平回报，也不能通过确保设备最差的公司盈利而保护低效率。我们必须在这两种极端之间找到一个平衡点。归根结底，我们必须决定哪些工厂是必要的，哪些是多余的，并且只确保达到标准的工厂获得利润，而不是那些多余和低效的工厂。

那么界限应该划在哪里呢？这个问题似乎不可能有答案，但如果我们要遵循这种解决思路，就无论如何都必须回答。在划出界限之后，最先进的公司仍将获得高额回报，它们节约的开支越多，回报就越大。在实践中，如果该领域有数量相当多的生产商，可能就会为生产改进提供足够大的激励。如果所有企业的法定商品价格都是按照中等企业的生产成本决定，那么，只要比其他企业更快地降低生产成本，任何人都可以增加收入。当然，其中最重要的关键步骤就是决定哪些工厂是必不可少的，哪些是多余的和未能在效率方面达标的。也就是说，对于托拉斯生产的每一种商品，我们都必须确定整个国家真正的需求量是多少。或者说，既然需求是有弹性的，那么我们必须决定哪些需求应该得到满足，哪些不应该满足。作为监管委员会的成员是一种什么感觉呢？阿特拉斯的任务既艰巨又责任重大，但它至少还有一个优点——简单。

当价格确定后，所有不能按照这个价格生产的企业都将被迫退出市场，而可用的商品供给量将由那些继续留在行业领域的企业的生产能力决定。这是一种非常巧妙的调整，需要做的就是准确地估计商品的供给与需求，使市场以法定价格购买的数量，刚好等于所有能以该价格生产的制造厂加起来的正常产量。

这是在竞争的情况下，大致可以肯定却自动完成的事情。在某些产业部门尝试通过直接的公共监管实现同样效果，将会是一个有趣的试验。目前，可能最接近这个目标的就是钢铁托拉斯实施的"稳定市场"政策，即希望无论需求在短时期内如何波动，价格都尽可能保持稳定。这个政策的结果是，需求有时大于供应，想购买的人就不得不耐心等待卖方接单并完成，尽管许多人宁愿用更高价格换取更迅速的服务。而在其他时候，需求不足时，制造厂的产量将远远低于产能，劳动者会因为这种情况而陷入困境，如果长期如此，还意味着在效率上的极大损失。在钢铁产业，当供求关系严重失衡，托拉斯价格无法继续维持时，偶尔会出现钢铁产品的"开放市场"，使情况得到缓解。这意味着，钢材的价格是由竞争有时候发挥的积极作用所决定的，而且竞争的可能性始终存在。在垄断合法化的情况下，类似的安全阀就很难发挥作用了，确定价格的人将承担全部责任，在如此重大的责任面前，那些轻率主张建立全面价格监管制度的倡导者可能就要三思而行了。

因此，在过去1年里[①]，钢产品的价格"稳定"在一个非常高的水平，导致的结果是几乎找不到购买者。同时，商业尚未从1907年的美国金融恐慌中复苏，持续呈现出恐慌反应和萧条景象。随后就出现了"公开市场"，价格大幅削减，订单纷至沓来，钢铁厂运营活动开始变得活跃。这些现象也说明其他行业在逐渐地回暖，在纷纷扩建或新建企业。钢铁行业是投资者购买物资的最大生产商，因此，钢铁行业与整个商业世界的繁荣或萧条，有着密不可分的关系。这个例子充分说明，对价格进行控制和"稳定"会导致令人遗憾的结果，而在一个没有完全被托拉斯控制的行业中，即使是偶尔的竞争也能缓解困境。

人们经常同时提及价格稳定和生产稳定，好像二者是相辅相成的，但上面的例子可以作为一个宝贵的现实教训——它们不仅不是相辅相成，而且完全不一致。当需求波动时，为了保持价格稳定，产量就必须变化，在需求回落时减少产量，需求复苏时增加产量。但这种调整过程所导致的结果，是固定不变的价格会延缓需求本身的恢复，而在原来的价格水平上做出让步，则能够加速需求复苏。

---

① 见 Commercial & Financial Chronicle, Apr. 6, 1912, p. 938。

这种"稳定"系统非但没有减轻恐慌影响,实际上反而阻碍了自然复苏的过程。

毋庸赘言,全面调控价格远比大多数人想象的更复杂、更微妙,因此不应该轻率行事。相反,我们应该把它作为控制少数行业的终极手段。在这些产业中,旨在保护竞争的所有其他努力都已证明无济于事。我们不应该贸然承诺对多个产业进行价格管制、而突然跳进未知责任的黑暗中。在彻底尝试过那些不太激进的方案之前,我们绝不应该首先采取这一手段。在我们现在需要制订规划的各个时期中,只有在极少数的情况下,价格监管才成为一种必要。

我们还应当尽最大努力去寻找是否有可能重新建立某种形式的竞争,也许不一定是原有的竞争形式,而是那些能够产生同样效果的新方式。有些人已经坚信,不可能重新建立竞争;企业之所以大量并购合并,正是由于在现代条件下,产业竞争不可能对生产进行适度的、尚可忍受的调节。当现代大企业相互之间展开巨人大战时,它们不再是当价格降到成本时就停战,而是会继续下去,因为它们已被自己投入的巨大赌注裹挟着,无法抽身而退。所有生产商都不得不把价格降到成本以下,直到面临唯一的结局——要么破产、要么被兼并。

我们的托拉斯运动正是为了摆脱这些令人无法忍受的条件而诞生的,如果将托拉斯拆分——真正地拆分,不再有任何利益共同体存在——除了让时间倒转,回到我们已经逃离过、而且必须再次逃离的环境以外,我们还能做什么?按照这种观点,唯一可以"自己活也让别人活"的自由竞争,仅会发生在众多小生产商之间,而随着上亿美元规模的巨型公司出现,这种竞争就将消失了,一去不复返。

这种观点很有道理，任何试图在垄断产业恢复竞争的计划都必须考虑到这一点。除非大公司之间能够进行具有包容性的、健康的竞争，否则，我们的监管政策就会朝着错误方向发展，越早纠正越好。如果竞争在许多情况下表现不理想，但是能使其更好地发挥作用——找到并消除问题根源——那么，我们也许还是能够通过恢复健康的商业竞争作为一种调节剂，从而成功地遏制垄断。

现代"大企业"进行恶性竞争的原因是什么呢？有些人想要归因于生产商个人态度的转变、野心的膨胀，或对垄断权力的贪欲，也许还因为新游戏的赌注更诱人，因为与高效率的生产商相比，他只需要几个金融业人员，就能攫取终极奖赏——在行业中获得无可争议的控制权。对于一个充满斗志的人来说，这种权力具有不可抗拒的吸引力，这很可能让他即使在竞争初始阶段承受损失也在所不惜。

如果这是产生恶性竞争的唯一动机，那么，任何可以遏制垄断的，也会对通过同样方式结束源于垄断野心的恶性竞争。然而，激烈的大规模竞争在这方面效果不理想还另有其原因，这些原因与渴望获得未来垄断收益无关，而是竞争者发现自己面临着一种新环境。

商品自动定价有一个秘诀，那就是生产能力必须能够根据需求进行准确的调整，充分利用所有能够赚取当前收益率的资本，不多也不少。与需要大型且高度专业化工厂的行业相比，小规模产业更容易通过竞争来确保这种恰到好处的调整。如果在一个有相当规模的城市开设了太多杂货店，导致收益率低于正常水平，一些经营较差的商家就会退出，然后收益率就会迅速恢复正常，不会有什么周折。这期间几乎没有资本损失，失业劳动者不多，价格变化也不明显。当新的竞争者进入时，不会产生太多的生产过剩；当多余竞争者被淘汰时，也不会造成灾难。这种情况的出现需要以下三个条件。

171　　首先，每次进入和撤出该行业的资金不多。如果目前行业中有30家规模相当的公司，市场正好处于饱和状态，相比于市场仅能容纳10家甚至5家公司的行业，再增加一家公司的影响要小得多。① 其次，与建造一家钢铁厂或其他巨型工厂并购买设备需要的时间相比，开办一家杂货店耗时不长，因此，为了满足明天的需求而今天开店的店主，在计划时犯下毁灭性错误的可能性不大。最后，"铺面"可以在只有很少甚至没有损失的情况下改为其他用途，因此，如果一家杂货店的利润不及其他店，也不太可能继续留在行业内。

　　但在大型制造业，潜在的竞争者需要踏上一条更艰难的道路。他必须提早勘查土地，准备继续扩大规模，否则就会以失败告终。他大张旗鼓地进军新行业，一方面需要留意退路，但另一方面又要全力以赴，拿出破釜沉舟的勇气。为了降低成本，他必须要么建造一个大型工厂，要么根本不建厂，他还必须指望着未来数十年的"需

172　求"，能够以可盈利的价格购买其产品。如果他对预测的未来需求感到失望，或者他认为强大到足以每年从他的制造厂购买2万吨钢轨的市场按目前价格最终只需要1万吨，那他的处境就非常被动了。很显然，他的工厂产能过剩，但尽管如此，他也只能继续维持。

---

① 当然，假定新工厂具有平均规模，或占有非常确定的市场份额，以便与其他工厂公平竞争。

第七章 建设性的竞争

前述这种风险依然存在，我们在判断未来方面，也许能变得比过去更聪明。或许目前的市场强大到足以按现价每年再多买1万吨钢轨，但如果要再新建一家制造厂，就必须按翻一倍的产能建厂，否则，效率就太低了。在这种情况下，新建制造厂的决策可能就要基于预期的需求增长，才能使制造厂盈利。新工厂的投资发起者必须着眼于2年、10年甚至20年的市场，成败将取决于他的决策，因为工厂的专业化程度很高。

这些事实所导致的结果，是此类产业更有可能出现总产能大于市场在现有价格下的需求量的情况，即使效率最高的工厂也难免于此。它的后果也很常见，那就是不再受普通成本核算规则约束的激烈的商业竞争。因为此时企业很大一部分成本是一般支出或"间接成本"，这部分成本用于整个企业的运营，无法追溯到某一张订单。

即使制造厂仅以部分产能运转，这些一般支出也是必需的，因此，新业务只要对冲抵这些成本有所贡献，无论贡献多少，都是划算的。为了赢得新业务而开出的价格，如果适用于所有产品，公司将会破产，但公司仍然会选择这样做。只要价格高于产品的直接或基本生产成本，公司就能获得明显的收益。因此，公司开始对特定客户群降价，这是一种"倾销"过剩产品的策略，价格会低于平均制造成本，但还是比生产的直接成本高一些。

然而，这是一个危险的尝试。如果商品在几个彼此完全独立的市场上销售，这种策略可能会起作用，而不会产生灾难性影响。美国制造商可以在欧洲市场倾销过剩产品，因为他们知道，进口关税可以防止这些商品被重新运回美国出售、扰乱美国市场的价格，外国商人也不能采取以牙还牙的报复行动。但如果是在像美国内部不同地区这样来往密切的市场中，情况就大不相同了，因为实际上对许多商品而言，这些地区属于同一个大市场。在这个大市场中，人们很快就会发现，倾销并不是只有一方可以玩的游戏。其他公司也面临同样的处境，也具有相同的动机，它们看到自己原有的市场在竞争对手优秀的进攻策略下被夺走，就会受到刺激从而采取同样行动。于是，一开始是采取报复行动，然后，竞争对手之间的小规模价格战取代了理性竞争，最终，整个市场都陷入了毁灭性的低价，由盈利转为亏损的工厂随处可见。要摆脱这种困境，就必须找到解决方案，最简单的就是公司达成协议或进行联合。

175 我们必须承认，出现上述这种状况的第一个原因，是我们必须接受在大规模的产业生产中不可避免的事情，即投入的资本总额超过了市场所能容纳的范围，而资本无法在免受巨大损失的情况下撤出。然而，另一个原因是，降价最初只是针对公司的部分客户，只有当其他生产商开始报复时，低价才会扩大到整个市场，换句话说，这是从价格歧视开始的。如果不可能实行价格歧视，如果任何降价都必须对所有客户一视同仁，那么，在管理者为所有产品报出一个低于成本的价格之前，难道不会三思而后行吗？他还会这样做吗？

许多美国的制造品在德国市场的销售价比在产地购买更便宜。通常，如果所有产品的售价都和在外国市场上的价格一样，那么，制造商就会迅速地破产。对德国人来说，这就是恶性竞争，如果不是因为美国的进口关税非常高，我们可能就会看到德国商人以同样方式进行报复，尤其是在经济萧条时期。但如果我们的制造商必须以同

176 样的价格卖给所有客户，无论客户来自美国、德国还是中国，这种激烈竞争的恶性特征与"倾销"行为难道不会迅速地消除和停止吗？

第七章 建设性的竞争

还有一件事情比许多人意识到的更重要，即公司使用的会计制度类型，以及它可能对销售部门的策略产生的约束。就大型企业而言，成本核算的科学尚处于起步阶段，对制造厂和工场各种产品所造成的实际支出，大多数管理者还没有形成非常准确的概念。他们知道每件商品的工资和材料成本，有些人还学会了计算占用机器时间的方法，然而，他们的会计制度通常都十分粗略，留下了相当大的余地，类似于灰色地带，管理者在此必须运用自己的判断垄断价格，才能为企业带来最大回报。换句话说，会计制度为歧视性价格和"倾销"部分产品留下了充足的价格空间。但如果企业生产的全部产品都适用这样的低价，那么企业就不可能获得持续发展的回报。正如我们所看到的，这些做法将招致竞争者的报复，最终造成市场混乱。

不过，更具探索性的成本核算制度正逐渐地发展起来。它的理念是，企业的每一项支出都应与生产出来的产品挂钩。它相当于把工厂拆分成若干个独立的小工场，每个工场都需要记入租金，用于支付其占用的空间、使用的机器以及从总动力系统的轴与皮带装置中获得的动力。工场的每个部门都必须为其进行的工作按比例分摊土地租金、利息、建筑物与机器，甚至中央发电厂和传动系统的维修和折旧费。除此之外，还要分摊其他一些尚未覆盖的费用，如办公室管理费用和整个销售部门的成本。其中有些费用可以非常明确地追溯，有些则需要在有利于引导销售经理人行为的原则下，或多或少地进行"任意"分配。最终的成果是一份囊括了各项工作的单位成本报告，可以作为制定价格的指导，对前述竞争策略起到有力的制约作用。

采用这种成本核算方法的公司，可能会失去一些能带来直接利润的销售机会，因为它不愿在正常价格上过分地让步。但同时，它也会避免由于价格过低而招致的报复行为，倡导一种更包容、更稳健的竞争形式。也许进行更精确的成本核算的部分原因是，人们意识到，从竞争对手那里抢来的业务价格太低，完全无利可图，而使用更科学的记账方法能够遏制这种行为。可以肯定，一旦成本核算运动取得进展，这将会产生重大影响，反对不负责任的、以最终必然导致所有人的价格都低于成本的方式进行的降价行为。

此外，加强对销售条款的公开，可能也会产生类似的效果。商界往往非常害怕此类公开，担心会让竞争对手知道太多信息。但站在一个客观的观察者角度看，在这个问题上，与知情相比，因无知而产生的怀疑可能更扰乱公平交易。这和战争不一样，在战争中通过巧妙地伪装，弱小军队也许从侧面包抄就能打败更有优势的兵力。但竞争的目的与此恰恰相反。作为民众，我们允许企业存在就是为了促进以合理价格进行的高效生产。从某种意义上说，这是合作，而不是战争，人们（包括参与竞争的人）必须明智地认识到这一点。

在一个开放的市场，同一种商品在同一时间只应有一个价格，这几乎就是经济学中一条公理。只要价格保密，就十分容易做到一个地区的销售价格比另一个地区便宜，但如果价格公开，在一个像我们这样交通便利的国家，任何非常明显的价格差异肯定很快就被抹去了。因此，市场越开放，出现价格歧视的机会就越少，而恶性竞争在很大程度上正是源于价格歧视。以任何公共政策的充分理由，都不可能合理地反对价格公开。

第七章　建设性的竞争

一个大城市的零售交易量是一个好例子，它能够说明包容的而非破坏性的竞争在什么样的条件下可以存在。百货公司是最经济实惠的商品销售渠道；然而，在每个大城市，每一家这样的百货公司周边，都有几十家以传统方式销售商品的小商店，成功地与大百货公司进行竞争。如果在大百货公司所在的城市中心位置朝着任意方向走几英里，就会发现，几乎每一个街区都有一些小零售店，正在销售大百货公司里能够找到的商品。这些小零售店的销售可以说是"便利销售"，当人们没有时间去大百货公司这样的大型购物中心时，就会去小商店购买。如果消费者能在距离最近的街角买到所需要的东西，那么，在购买时花一个小时甚至半天时间就不划算了。如果我们把所有的"便利销售"加在一起，其数量就会远远超过大型百货公司的销售量；这就意味着，在进行了大规模企业合并之后，大量本地竞争仍有可能继续存在，即使最具野心的商业巨头也难以实现完全垄断的目标。

如今，完全在本地经营的小工厂，的确很难像小零售商店在竞争中存活一样，安全地与大型中心工厂竞争并最终幸存下来。对于商店而言，便利的优势极其重要，它能够为商店提供更充分的保护。而一些小工厂面对强大对手不得不破产停业，相当多的本地制造厂都可能受到影响。不过，即使在制造业，距离客户近的优势也是有价值的。只要众多本地制造厂中有一家工厂装配优良设备、具有规模优势，就可以在与强大对手的竞争中占据一席之地，除非对方获得了某种不公平优势。面对粗暴的打击，小个子选手是无法抵御的，但在拳击比赛规则下，小个子选手就可以保护自己。这就是竞争得以存续并免于失败的一种情况：一个大型生产商和若干个小生产商，二者在本地市场可以进行竞争。

另一种情况可以通过百货公司之间的关系来说明。几家百货公司相互竞争，既没有导致利润消失，当然也没有消灭资本。这是为什么呢？所有的百货公司都在吸引相同的公众群体成为自己的客户。它们在同样的报纸上做广告，用同样的套路讲故事，在开业日宣传诱人新品，在促销日推广降价商品。但是，如果从这些商家在绝大部分时间里所表现出的商业活力判断，它们还远未达到恶性竞争的惨烈地步。

182 发生在一个村庄里的小规模竞争就是这种情况的一个缩影。两家乡村杂货店可能会在村里主要街道上相互对峙，但却能够和平共处。秘诀在于对整个市场及其竞争效果的包容性尊重。如果街道东侧商店想用优惠价格把西侧商店的顾客吸引过来，就必须向它已有的所有顾客都提供这一优惠。所有到店的顾客都享有统一的价格，并且价格必须公开。只要满足这两个条件，就能促进包容性的商业竞争，而非毁灭性的竞争。此外，这个例子还证明，没有任何可能的垄断收益，能够诱惑商人承担也许会形成垄断的残酷竞争所带来的损失。同时，在零售贸易中，使用垄断的独家采购协议显然是不可能的。

183 如果在这个小村庄里自然存在的条件能够通过法律手段进行复制，并在托拉斯拆分后的子公司中重现，那么，包容、正常的竞争就有可能成为一般规则，而破坏性的竞争则成为例外。单一价格规则和价格公开显然是实现这个目标的途径。

一个更困难的问题是，如何直接和明确地避免让任何竞争者获得对其产业的完全支配权。正如已经看到的那样，无法仅仅通过禁

第七章 建设性的竞争

止企业联合来达到这个目的。过去与托拉斯打交道的所有经验都证明了这样做徒劳无功，但同时也表明有必要限制托拉斯联合体的规模，无论它们采取何种形式。但在限制托拉斯联合体规模时，我们应该以什么作为界限，又以什么尺度去衡量垄断呢？提出各种简单的、符合经验法则的标准十分容易，但在这类问题上，恐怕简单就意味着粗暴。我们必须从经验中了解各行各业的不同需求，遵循一种可以灵活地适应我们不断增长的知识的政策。

显然，没有一个简单规则可以适用于所有情况。我们应该将资本限制在一亿美元还是五亿美元上？还是根据一家企业控制下的某种商品产量在全国总产量中所占比例来判断，把界限定在25%、50%或75%上？显然，资本的绝对规模是毫无意义的。几百万美元的资金，在钢铁行业仅够为一家独立生产商提供公平的生存机会，但在其他小行业，却足以完全垄断十几个小行业。

另一种标准更符合逻辑，但远不能令人完全感到满意。因为有些商品的市场是全国性的，而另一些商品的市场则相对有限。相对于整个产业的资本总量而言，小资本也许可能会牢牢地控制某些区域的市场，就像该行业没有其他竞争者一样。某个城镇的砖石建筑材料托拉斯并不需要在全国开展业务，就可以欺压当地所有房屋建造者；而一个城镇的理发店托拉斯尽管业务量还不到全国理发业的万分之一，但它也许足以扼杀所有本地竞争。

在这种情况下，关键是消费者的地位，而非生产商的地位。是否每个消费者在购买时都可以选择高效和独立的生产商？如果是这样，即使一个联合体可能控制了四分之三的产量，也不会存在垄断。而当企业联合体开始对市场上的大批竞争者进行并购时，人们表现出担忧的背后是这样一个事实，即剩余竞争者可能会被排挤到一个个狭小的地方市场，而托拉斯则占据绝大部分市场，实际上没有任何的竞争干扰。

如果这种情况发生，消费者必须依赖某种形式的潜在竞争，要么是服务其他市场但距离不远的生产商，要么是尚未进入该行业的生产商和尚未兴建的制造厂。这些得以继续存在的竞争能够发挥什么作用，尚且难以确定。

如果我们要进行这种尝试，显然，这项任务应当交给行政委员会依法完成，而法律则应在一般条款中阐明其目标：确保充分竞争以保护公众利益。这个委员会需要考虑各种各样的问题。有一项重要指标可以衡量潜在竞争对手进入某个行业的难易程度，那就是进入该行业并实际运营所需要的资本数额。运输成本相对于商品价值的比例将决定竞争的有效距离。在需要资本不多或商品价值很高的行业，小生产商也可以进入广阔市场，相对而言，基本不需要积极竞争。而商品体积较大的产业通常集中在具有丰富自然资源优势的中心区域，每个中心都控制着距离最近的市场。在这种情况下，每个中心地区、至少距离中心地区足够近的地方，都应该有一家高效的独立生产商，以便与市场保持联系，充分利用可能出现的贸易机会。

第八章　结论和总结

我们努力争取的结果——控制运输是前提——委员会的优点是有助于解决一个日益严重的问题——取消控股公司——公司信息披露——股票不使用面值会有帮助——禁止掠夺性竞争的法律——单一价格制度——专利改革——限制规模——必须以经验应对反对意见——某些行业无疑需要价格监管——竞争是破坏性的个人战争，还是建设性的社会体制——后者是我们的目标

如果能够实施前面提出的所有改进和变革，我们至少踏上了一条将要最终解决问题的道路，如果这些措施被证明是成功的，那么问题也就解决了。在有可能失去活跃竞争的任何地方，我们都应该采取措施重建竞争，创造必要条件使竞争继续存在，同时又不会发展为你死我活的恶战。我们也许无法阻止生产商之间达成协议，但我们将消除他们联合起来打压其他生产商的力量，确保任何人都有权进入他认为有利润吸引力的任何行业，确保进行"公平交易"，并确保他们清楚，无论规模大小，只要提供的价值与竞争对手一样多，就能获得同样多的财富。我们将会有大型工厂，只要规模对提高效率至关重要，但我们应避免因过度扩大规模和非自然增长而承受

的负担，这主要源于试图并购所有潜在竞争对手，而且往往会导致其余工厂不得不承受在并购效率低下的工厂后所带来的沉重负担。这类规模不但没有促进效率，反而与效率目标背道而驰。最重要的是，我们应当保存好在上个世纪（19世纪）中为我们打开进步大门的钥匙，以及在过去经验中了解到的竞争对效率的激励，而不是迫于无奈去尝试新的替代方式。

现在仍有待收集在此提出的各种建议，汇总为一份整体行动方案。这不是一份简单的方案，因为情况复杂，没有哪一种简单的方法能够应对。就本书目的而言，只需列出必须完成的事情即可，而不必试图对实现这些目标的法律措施进行教条式解释。经济学家必须非常谨慎地对待此类问题，除非答案非常明确，就算是外行也不会犯严重错误。

首先，我们必须假定，我们对铁路运输业的控制应该更加严厉，以杜绝那些导致或可能会导致某些托运人形成垄断的区别待遇。造成这种歧视待遇的两个主要原因是：第一，铁路竞争；第二，承运人和托运人形成的利益共同体。第一个问题的源头基本上可以通过合法化的垄断赢利同盟来解决。而第二个源头在1906年由一项法律禁止，但该法律似乎是因为司法解释而变得无效，如果按字面解释，还可能违背宪法。这个问题带来了非常棘手的实际困难，想要彻底解决则遥遥无期。而要实现我们的目标，有一件事会很有帮助，那就是保护水路运输业的竞争。为此，我们要确保独立承运人有足够的码头设施，能够从提供运输订单的铁路公司得到公平、平等的待遇。在承认并满足了这些需求之后，我们就可以开始直接攻击托拉斯问题本身了。

第八章 结论和总结

接下来就是方式和方法的问题。很显然，在监管托拉斯时有一些要做的事情和要满足的需求，但这些都无法通过详细的和自我实施的成文法规来准确预见并加以规定。我们的方法必须尽可能灵活，在方式和手段上都要有较强的适应性，但基本目的却不能改变，同时，这些法规必须得到明确和有力的实施。我们不能让商界的很多人对于自己是否触犯了法规感到迷惑，也不能让法规因含糊不清而成为一纸空文。在这方面，行政委员会显然可以提供极有价值的服务。在控制了我们绝对能够控制的一切，以及禁止了绝对能够禁止的之后，其余的可以用一般法律条款来涵盖，交给委员会执行，就像州际商业委员会现在执行《州际商业法》的一般条款那样。在目前的各种计划中，也许得到人们最多认同的，就是设立一个委员会这样的机构。

处理托拉斯问题的第一大任务是解决其内部组织问题，在这方面要完成两项主要工作：必须合理保护投资者的财产，以及必须在少数投资者不受剥削的前提下，按照真正符合多数投资者利益的方式管理财产。要做到符合多数投资者利益，最重要的一个步骤可能就是废除控股公司，通过联邦法规，限制跨州公司行使其持有其他公司股票的表决权，这样也许可以实现这一目的。至于合理保护投资者的财产，当务之急是有效的信息披露。

为此，本文作者认为，发行不使用"面值"这种有些随意的计价符号的股票，可能会有所帮助。每一位理智的人都知道，在目前条件下，股票上的美元符号没有意义，如果在判断财产价值时完全以它为指导，而不是依赖于独立信息，那么，他就会受到一定程度的误导。然而，许多人几乎没有任何其他可以依赖的信息。随着这种虚幻的依赖逐渐被消除，对真实信息的需求就会不断增加。这非常类似于禁止虚假商品标签的法律所产生的效果。这种措施不会阻止证券以任何期望的条件发行，但在消除虚假交易及对这种行为的疑虑方面，可能会产生有益影响。但这项措施遭到了反对，而且就实现我们的目标而言，它也不是一种必不可少的手段。最重要的还是要确保有效的信息披露，而非面值的股票可能有所帮助。

第二大任务是防止掠夺性竞争。独家采购协议和局部区域降价的做法必须杜绝，法律在一般条款中还应禁止一切具有类似目的和影响的行为，任何人都不能从中获得豁免，而法律的执行完全可以委托给"州际贸易委员会"或类似机构。法律最好规定工厂货物出厂交货时单一价格的规则出售货物（除前面提到的例外情况），并公布价格。后一种措施对防止大公司欺压小公司固然很重要，但更重要的是，有助于推动完成在大公司之间形成健康而有包容性的竞争氛围这一艰巨任务。在记录价格和管理单一价格体系的细节方面，设立委员会将被证明非常有价值。

顺带一提，我们可能还需要防止滥用专利权，尤其是通过买断专利权来阻止专利使用，以及通过签订类似于独家采购协议的合同，将专利垄断权扩大到非专利商品的做法。在最高法院近期一项裁决中（尽管该裁决并非由全体法官做出，而只有四名法官同意），法庭认为，尽管墨水不属于专利产品，但销售专利油印机的卖方可以限制买方在油印机中只能使用卖方的墨水。不讨论本案件的是非曲直（可能会由合议庭重新审理），但我们很容易看到，如果这种形式的合同得到推广，可能会对竞争产生不当限制，因此，我们应该认真思考一下，这是不是真正的危险。一些国家禁止此类合同。

第八章 结论和总结

至于阻止专利使用的问题,可以强制要求,只要希望使用专利的人支付了法院规定的使用费,专利持有人就必须允许对方使用。这种做法实际上是对未被使用的重要专利行使了征用权,在其他各国法规中都有所规定。作为监管托拉斯的法规,这个规定是有帮助的,尽管可能没那么重要。

我们的第三大任务,是遏制规模过于庞大、乃至于竞争不可能进行的联合企业的发展,联合企业的规模一旦到达这种程度,就要拆分它们。现有公司的拆分可以继续根据《谢尔曼反托拉斯法》执行,也许是在一个负责对重组进行监督并观察后续结果的行政委员会的帮助下。为了防止联合企业的规模过大之后支配整个行业,我们可以采取向希望从事州际贸易的大公司颁发联邦特许状或许可证的方式,而一旦公司规模过于庞大,有可能产生垄断力量时,便扣留或收回它们的许可证。为了使这一做法有效,我们必须禁止这些公司通过互持对方有表决权的股票或通过利益共同体的方式进行合并,就像我们必须防止根据《谢尔曼反托拉斯法》拆分托拉斯后所形成的新公司,利用这些手段重新联合起来一样。我们可能会认识到,有必要限制个人在互相竞争的不同企业中行使股票表决权,且不得选择在外部可能具有竞争关系的其他企业中有重大利益的人士担任公司董事。

这些也是委员会的工作。至少目前,规定一个固定规模的做法还行不通。我们不能把国家各行各业的公司都拿到一个法律的筛子上过滤,筛孔大小刚好能拦住所有的垄断者,而其余公司则可以顺利通过。法律可能也会在一定程度上注意到规模问题。例如,如果一家公司控制了某个行业的半壁江山,就可以要求它提供证据,表明市场上仍存在足够多的竞争,以保护公众利益,只有满足这个条件后才能够获得和继续持有许可证。然后,应该假定所有规模较小的公司都不具有垄断力量,除非有人对它们提出特别指控。这样的规则将简化发放许可证的工作,同时仍可以适应各种特殊情况的需要。

196　　任何涉及拆分联合企业或限制其规模的计划,都会遭遇两种强烈的反对意见,我们必须认识到这一点并加以应对。一种观点称,如果人们已下定决心进行联合,我们就不能将他们分开,也不能强迫他们违背自己的意愿去相互竞争。但正如我们已经看到的那样,这个问题的答案就在所有那些没有法律约束力的非正式备忘录和协议的弱点之中。而真正的垄断需要的不仅仅是这些。另一种反对意见认为,在拆分托拉斯的过程中,我们就像工业革命时期的劳动者砸毁代表进步和效率的机器一样。但这不是基于假设而非证据吗?没有证据表明,我们不可能拥有既能实现最大效率又能避免垄断的规模。如果卡内基公司从未参加"钢铁托拉斯",它的产业效率会受严重影响吗?很多人认为,我们需要托拉斯来确保我们在外国市场的地位,但我们不应该忘记,我们在外国市场上最引人注目的成就,正是在竞争退居幕后之前,而一些权威人士称,自那时

197　起,我们取得的进展远远不如人意。

　　以我们目前掌握的有限知识,这些反对意见既不能被证明,也不能被绝对驳倒。只有经验才能给出最终答案。通过我们所建议的那种委员会,在几年内获得的"知识"将比仅仅做出断言和进行反驳更有价值。在任何行业中,当人们发现,尽管采取了一切措施,竞争还是走向消亡,或者一些行业受到批评,认为其效率低下,那

第八章 结论和总结

就到了转变政策的时刻，应当承认垄断在这些情况下是一个必然事实，并采取合理的下一步措施，调控价格。

我们可能会发现，某些产业确实如此，而另一些产业却不是这样。在某些领域，大规模生产所节约的大量资金可能达到如此程度，以至于为了获得这些资金，必须进行企业联合、形成垄断。一些大型金属加工产业可能就属于这种情况，如果确实如此，这些产业将表现出真正的自然垄断特点，就应当视之为公共服务企业，并在价格上受到管制。如果将来得到证明情况确实是这样，那么我们可以仅针对这些行业采取这种政策，而其他行业则继续执行保护竞争的政策。如果我们是理智的，就不会仅仅因为在少数情况下的不成功，而放弃在所有大型企业行业领域里保持竞争的努力。

在我们介绍的方案中，对市场营销方法的控制，以及必须以公布的单一价格进行销售的要求，是这个方案的核心特征，也最有可能被批评为激进和空想。但无论在实现理想目标的具体方法上分歧有多大，对那些正视这些问题的人来说，毫无疑问，如果要保护竞争，就无论以何种方式都必须完成本章提出的那些任务。如果我们希望在恢复竞争方面取得坚实和稳定的成果，就必须禁止通过价格歧视进行掠夺性降价，并使将价格降到成本以下变得困难。各州颁布的成文法案见证了这样一个事实，即人们对这样的事实表示认同，并已开始采取相应的行动。

但到目前为止，我们还远未达成共识。去年，联邦法院颁布了一条法令，禁止一个联合企业的成员"向竞争制造商的客户提供比自己既有业务还要优惠的价格，以达到损害竞争制造商业务的目的，但本法令中任何内容都不应被视为对公平、自由和公开竞争的限制"。没有比这句话更能说明理性竞争的精神了。然而,有人评论说,该法令自相矛盾,因为它声称要维护竞争,但同时又禁止进行竞争的"唯一有效方法"。

这类批评所表达的意见很有趣,因为它与本书所要阐述的观点正好相反。向竞争对手的客户提供超低价格,不失为让这些客户离开竞争对手的一种有效方法,如果这就是竞争的唯一目的,那么上述引用的法令可能的确会妨碍实现这一目标。但这种竞争是名不符实的,因为它意味着只有短暂的低价,随后就是垄断和永久的高价。这不是我们的目标,也不是公众的目标,我们制定规则的目的是让竞争继续进行。如果竞争的目标是确保最适合生产商品或提供服务的商家能够生存下来,那么低价竞争的情况就正好相反,而后者才是真实的情况。让竞争对手退出行业,而不考虑任何社会影响,这不是,而且在山洞里的原始人停止使用石头和棍棒迫使同伴就范之后就不再是,竞争的全部目的了。从那时起,我们就再也没有过上述批评所暗指的那种完全"自由"的竞争了。

我们在对自由的自然选择下适者生存的崇尚中可能会忘记,斗争的条件决定了从中产生什么样的适者。要在拳击场上生存下来,意味着要适应打拳,而不是适应砌砖或慈善事业;在掠夺性竞争中的生存很可能意味着其他一些东西,而不是适应优质、高效的生产。只有具有适当规则的竞争,才能产生出我们想要的那种适者。竞争及其目的不是个人的问题,而是涉及全社会。它是一种在国家制定的规则下进行的游戏,目的是尽可能地通过提供价值获得胜利的奖赏,而不是通过诡计或者自私自利的技巧。它不是仅考虑无节制私利的游戏,而是一种能够驾驭私利这头野兽为共同利益服务的方

第八章 结论和总结

法——它是一件有理想而非龌龊的事情。它不是一种自然状态,但就像任何其他形式的自由一样,它是一种社会成就,而需要付出的代价就是必须始终保持警惕。

当前,我们的理想已经走在了实践前面,需要修订游戏规则,加强驾驭力。英式橄榄球在由被教导要充分利用规则中的每一项技术细节的美国人打的时候,变成了一种不同的运动项目。同样,竞争游戏在现代环境下也发生了变化,这种变化导致一些人认为竞争本身注定失败。但现在做出这个结论还为时过早。很有可能旧的制度只是需要一些时间来适应新条件。没有人类的不懈努力,制度从来不会自我维持。当然,在我们让它消失之前,尽一切努力来维持现有的制度,也是人类智慧的一部分。

目前已经在制定有助于加强竞争、抵御新危险的法规,我们希望有机会参与这一发展。不久之后,整个商界也许会抓住新法规部分体现出的建设性精神,届时,这些法规实际上可以自我执行,因为生产商将会认识到公平竞争的责任,并且接受作为公共托拉斯,在大企业控制的行业中保持竞争的力量。如果是这样的话,我们就会看到新的竞争牢固地建立起来,并成为一种手段,确保劳动人民以最少的约束获得最大的权力和正义。

经济学名著

第一辑书目

凯恩斯的革命	〔美〕克莱因 著
亚洲的戏剧	〔瑞典〕冈纳·缪尔达尔 著
劳动价值学说的研究	〔英〕米克 著
实证经济学论文集	〔美〕米尔顿·弗里德曼 著
从马克思到凯恩斯十大经济学家	〔美〕约瑟夫·熊彼特 著
这一切是怎么开始的	〔美〕W.W.罗斯托 著
福利经济学评述	〔英〕李特尔 著
增长和发展	〔美〕费景汉 古斯塔夫·拉尼斯 著
伦理学与经济学	〔印度〕阿马蒂亚·森 著
印度的货币与金融	〔英〕约翰·梅纳德·凯恩斯 著

第二辑书目

社会主义和资本主义的比较	〔英〕阿瑟·塞西尔·庇古 著
通俗政治经济学	〔英〕托马斯·霍吉斯金 著
农业发展：国际前景	〔日〕速水佑次郎 〔美〕弗农·拉坦 著
增长的政治经济学	〔美〕保罗·巴兰 著
政治算术	〔英〕威廉·配第 著
歧视经济学	〔美〕加里·贝克尔 著
货币和信用理论	〔奥地利〕路德维希·冯·米塞斯 著
繁荣与萧条	〔美〕欧文·费雪 著
论失业问题	〔英〕阿瑟·塞西尔·庇古 著
十年来的新经济学	〔美〕詹姆斯·托宾 著

第三辑书目

劝说集	〔英〕约翰·梅纳德·凯恩斯 著
产业经济学	〔英〕阿尔弗雷德·马歇尔 玛丽·佩利·马歇尔 著
马歇尔经济论文集	〔英〕阿尔弗雷德·马歇尔 著
经济科学的最终基础	〔奥〕路德维希·冯·米塞斯 著
消费函数理论	〔美〕米尔顿·弗里德曼 著

货币、就业和通货膨胀	〔美〕罗伯特·巴罗　赫歇尔·格罗斯曼 著
论资本用于土地	〔英〕爱德华·威斯特 著
财富的科学	〔英〕J.A.·霍布森 著
国际经济秩序的演变	〔美〕阿瑟·刘易斯 著
发达与不发达问题的政治经济学	〔美〕查尔斯·K.威尔伯 编

第四辑书目

中华帝国的专制制度	〔法〕魁奈 著
政治经济学的特征与逻辑方法	〔英〕约翰·埃利奥特·凯尔恩斯 著
就业与均衡	〔英〕阿瑟·塞西尔·庇古 著
大众福利	〔西德〕路德维希·艾哈德 著
外围资本主义	〔阿根廷〕劳尔·普雷维什 著
资本积累论	〔英〕琼·罗宾逊 著
凯恩斯以后	〔英〕琼·罗宾逊 编
价值问题的论战	〔英〕伊恩·斯蒂德曼　〔美〕保罗·斯威齐等 著
现代经济周期理论	〔美〕罗伯特·巴罗 编
理性预期	〔美〕史蒂文·M.谢弗林 著

第五辑书目

宏观政策	〔英〕基思·卡思伯森 著
经济学的边际革命	〔英〕R.D.C.布莱克 A.W.科茨　克劳弗德·D.W.古德温 编
国民经济学讲义	〔瑞典〕克努特·维克塞尔 著
过去和现在的政治经济学	〔英〕L.罗宾斯 著
1914年以后的货币与外汇	〔瑞典〕古斯塔夫·卡塞尔 著
政治经济学的范围与方法	〔英〕约翰·内维尔·凯恩斯 著
政治经济学论文五篇	〔英〕马尔萨斯 著
资本和收入的性质	〔美〕欧文·费雪 著
政治经济学	〔波兰〕奥斯卡·R.兰格 著
伦巴第街	〔英〕沃尔特·白芝浩 著

第六辑书目

对人进行投资	〔美〕西奥多·舒尔茨 著

经济周期的规律与原因	〔美〕亨利·勒德韦尔·穆尔 著
美国经济史 上卷	〔美〕福克讷 著
美国经济史 下卷	〔美〕福克讷 著
垄断资本	〔美〕保罗·巴兰，保罗·斯威齐 著
帝国主义	〔英〕约翰·阿特金森·霍布森 著
社会主义	〔奥〕路德维希·冯·米塞斯 著
转变中的美国经济	〔美〕马丁·费尔德斯坦 编
凯恩斯经济学的危机	〔英〕约翰·希克斯 著
就业理论导论	〔英〕琼·罗宾逊 著

第七辑书目

社会科学方法论探究	〔奥〕卡尔·门格尔 著
货币与交换机制	〔英〕威廉·斯坦利·杰文斯 著
博弈论与经济模型	〔美〕戴维·M.克雷普斯 著
英国的经济组织	〔英〕威廉·詹姆斯·阿什利 著
赋税论 献给英明人士 货币略论	〔英〕威廉·配第 著
经济通史	〔德〕马克斯·韦伯 著
日本农业的发展过程	〔日〕东畑精一 著
经济思想史中的经济发展理论	〔英〕莱昂内尔·罗宾斯 著
传记集	〔英〕约翰·梅纳德·凯恩斯 著
工业与贸易	〔英〕马歇尔 著

第八辑书目

经济学说与方法史论	〔美〕约瑟夫·熊彼特 著
赫克歇尔-俄林贸易理论	〔瑞典〕伊·菲·赫克歇尔 戈特哈德·贝蒂·俄林 著
论马克思主义经济学	〔英〕琼·罗宾逊 著
政治经济学的自然体系	〔德〕弗里德里希·李斯特 著
经济表	〔法〕魁奈 著
政治经济学定义	〔英〕马尔萨斯 著
价值的尺度 论谷物法的影响 论地租的本质和过程	〔英〕马尔萨斯 著
新古典宏观经济学	〔美〕凯文·D.胡佛 著
制度的经济效应	〔瑞典〕托斯坦·佩森 〔意〕吉多·塔贝林尼 著

第九辑书目

资本积累论	〔德〕罗莎·卢森堡 著
凯恩斯、布卢姆斯伯里与《通论》	〔美〕皮耶罗·V.米尼 著
经济学的异端	〔英〕琼·罗宾逊 著
理论与历史	〔奥〕路德维希·冯·米塞斯 著
财产之起源与进化	〔法〕保罗·拉法格 著
货币数量论研究	〔美〕米尔顿·弗里德曼 编
就业利息和货币通论	〔英〕约翰·梅纳德·凯恩斯 著 徐毓枬 译
价格理论	〔美〕米尔顿·弗里德曼 著
产业革命	〔英〕阿诺德·汤因比 著
黄金与美元危机	〔美〕罗伯特·特里芬 著

第十辑书目

货币改革论	〔英〕约翰·梅纳德·凯恩斯 著
通货膨胀理论	〔奥〕赫尔穆特·弗里希 著
资本主义发展的长波	〔比〕欧内斯特·曼德尔 著
资产积累与经济活动/十年后的稳定化政策	〔美〕詹姆斯·托宾 著
旧世界 新前景	〔英〕爱德华·希思 著
货币的购买力	〔美〕欧文·费雪 著
社会科学中的自然实验设计	〔美〕萨德·邓宁 著
马克思《资本论》形成史	〔乌克兰〕罗森多尔斯基 著
如何筹措战争费用	〔英〕约翰·梅纳德·凯恩斯 著
通向繁荣的途径	〔英〕约翰·梅纳德·凯恩斯 著

第十一辑书目

经济学的尴尬	〔英〕琼·罗宾逊 著
经济学精义	〔英〕阿尔弗雷德·马歇尔 著
更长远的观点——政治经济学批判论文集	〔美〕保罗·巴兰 著
经济变迁的演化理论	〔美〕理查德·R.纳尔逊 悉尼·G.温特 著
经济思想史	〔英〕埃里克·罗尔 著
人口增长经济学	〔美〕朱利安·L.西蒙 著
长波周期	〔俄〕尼古拉·D.康德拉季耶夫 著

自由竞争的经济政策	〔美〕亨利·西蒙斯 著
社会改革方法	〔英〕威廉·斯坦利·杰文斯 著
人类行为	〔奥〕路德维希·冯·米塞斯 著

第十二辑书目

自然的经济体系	〔美〕唐纳德·沃斯特 著
产业革命	〔美〕查尔斯·A.比尔德 著
当代经济思想	〔美〕悉尼·温特劳布 编
论机器和制造业的经济	〔英〕查尔斯·巴贝奇 著
微积分的计算	〔美〕欧文·费雪 著
和约的经济后果	〔英〕约翰·梅纳德·凯恩斯 著
国际经济政策理论（第一卷）：国际收支	〔英〕詹姆斯·爱德华·米德 著
国际经济政策理论（第二卷）：贸易与福利	〔英〕詹姆斯·爱德华·米德 著
投入产出经济学（第二版）	〔美〕沃西里·里昂惕夫 著

图书在版编目(CIP)数据

对托拉斯的控制：一种有利于以自然法遏制托拉斯势力的观点 /（美）约翰·贝茨·克拉克，（美）约翰·莫里斯·克拉克著；韩华，张玉洁译. —北京：商务印书馆，2023
（经济学名著译丛）
ISBN 978-7-100-22484-0

Ⅰ.①对… Ⅱ.①约…②约…③韩…④张… Ⅲ.①反垄断法—研究 Ⅳ.① D912.290.4

中国国家版本馆 CIP 数据核字（2023）第 154976 号

权利保留，侵权必究。

经济学名著译丛
对托拉斯的控制
一种有利于以自然法遏制托拉斯势力的观点
〔美〕约翰·贝茨·克拉克 著
 约翰·莫里斯·克拉克
 韩华 张玉洁 译

商 务 印 书 馆 出 版
（北京王府井大街36号 邮政编码100710）
商 务 印 书 馆 发 行
北京艺辉伊航图文有限公司印刷
ISBN 978-7-100-22484-0

2023年11月第1版　　开本 850×1168　1/32
2023年11月北京第1次印刷　印张 4¼
定价：35.00元